田ノ澤 貴子 様

2002・十一月九日

楠田 拝

人材社会学

楠田 丘 編

経営書院

は　し　が　き

　今日、人材に強く求められるものは、自らをたくましく成長させるとともに、「明るく愛に満ちた社会」と「力強く創造に満ちたグローバルな経済」を築いていくことに貢献することにある。明るい心豊かな社会があってこそ、力強い経済は成立するが、これを理論的に巧みに連携（WLB）させながら進めていくことが、これからの人材に与えられた課題である。

　戦後、GHQが市場経済学を優先させた影響もあり、今日、日本の社会は高齢化の中で、無縁と悲しみにあふれている。これでは明日の日本経済も見えてこない。

　そこで、日本賃金研究センターでは、設立40周年を契機にこれからの世の中を創っていく経営・人事・教育に携わる方々に向けて、人材社会学を一緒に考えて行くことを提言します。

　人材社会学とは

　「一人ひとりの人材が最大限に能力と人生哲学と行動特性を活かし、豊かな愛に満ちた光輝く社会を創りだし維持する理念と政策とシステムを検討し、実現していくありかた」である。

　この報告、提言書が、号砲一発、今後の人材社会学の活動のスタートとなり、生活、家庭、福祉を経て、心縁あふれる社会の創造と発展に深く広く寄与することを期待して、感謝の筆を置きたい。

2011年10月　　　　　　　　　　　　　　　　　　　楠田　丘

<h1 style="text-align:center">もくじ</h1>

はしがき／1

第1章　総論　人材社会学……………………………………9
楠田　丘

Ⅰ．「人材」こそが経済・社会の基軸……………………………10
　1．人材育成が基本（垂直）……………………………………10
　2．経済と社会に向けてたくましく（水平）…………………11

Ⅱ．「人材社会学」と「市場経済学」……………………………12
　1．人材社会学と市場経済学……………………………………12
　2．相互の関連……………………………………………………12

Ⅲ．現状と改革の方向……………………………………………13
　1．戦後の両者の歴史的推移……………………………………13
　2．市場経済学と人材社会学の現状……………………………15
　3．市場経済学の今日的明暗……………………………………18
　4．外部労働市場と内部労働市場………………………………18

Ⅳ．人材社会学分野での、これからの労使の課題と対応の
　　あり方……………………………………………………………19
　1．人材の育成（能力主義）と活用（実力主義・加点主義）……19
　2．労働と生活の調和（WLB）…………………………………27
　3．家庭ライフプログラムをベースに、子女教育支援および
　　それと関連する産業界の整備による出生率の高揚の推進…28
　4．人材社会学の整備充実において、公的支援が特に必要な

課題と内容……………………………………………… 28
　5．安定した雇用システムの整備と、雇用形態を超えての同一価値労働力同一賃金（または同一価値労働同一賃金）の推進、さらに定昇制の確立……………………… 30

Ⅴ．過去100年間の人材政策と今日的課題………………………… 32
　1．過去100年間の人材政策の経過……………………………… 32
　2．人材政策をめぐる今日的課題………………………………… 34

第2章　ワークライフバランス・ワークシェアリング…… 37
楠田　丘

Ⅰ．WLB（ワークライフバランス）……………………………… 38
Ⅱ．WS（ワークシェアリング）…………………………………… 40
Ⅲ．新時代に向けて労使のとるべき行動11ヵ条………………… 46

第3章　人材システム（能力主義・実力主義）…………… 49
野原　茂

Ⅰ．分け隔てのない人材育成（能力主義）—人間の価値は皆同じ………………………………………………………… 50
　1．人材育成の理念………………………………………………… 50
　2．人材育成の手法………………………………………………… 53
　3．育成型絶対考課………………………………………………… 59

Ⅱ．個を尊重（人間の価値観は一人ひとり皆異なる）しての人材活用（実力主義、加点主義）………………………… 62
　1．能力主義と成果主義を調和させる接点は実力主義と加点主義………………………………………………………… 62

2．実力主義·· 63
　　3．加点主義·· 66

第4章　支援産業(病院)のこれからのあり方·············· 75
　　　　　　　　　　　　　　　　　　　　　　　篠塚　功
　　Ⅰ．人生を支援する産業界の人材政策の整備支援············ 76
　　1．人生を支援する産業界における人材政策················ 76
　　2．人生を支援する産業界の現状と課題···················· 77

　　Ⅱ．病院における人材政策と労働政策および地域の支援········ 82
　　1．病院経営の難しさと医療の公益性······················ 82
　　2．病院人材マネジメントにおける3つの課題·············· 85
　　3．病院における労働政策································ 86
　　4．病院における人材政策································ 91
　　5．病院の運営および人材育成と地域の支援················ 98

　　Ⅲ．今後の人材政策の整備支援···························· 102

　　Ⅳ．段階的な人材政策の整備····························· 103

第5章　豊かな社会を創る人生要素(生活・家庭・教育)······ 109
　　　　　　　　　　　　　　　　　　　　　　　藤田　征夫
　　Ⅰ．高度な技術、技能の社会的負担によるすべての人への
　　　　付与·· 110
　　1．人材の使い捨てはできない時代に····················· 110
　　2．失業の防止と再チャレンジ体制の整備を··············· 112
　　3．正規と非正規の違いをなくすことが必要··············· 112
　　4．なぜ派遣労働が規制されてきたのだろうか············· 114

5．オランダのワークシェアリング……………………… 119
Ⅱ．愛を重視する社会的教育の機会増大…………………… 120
Ⅲ．子女教育支援による出生率の高揚……………………… 124
　　1．雇用・収入面での改善………………………………… 127
　　2．ジェンダーフリーの一層の推進……………………… 129
　　3．若者の雇用の安定化…………………………………… 130
　　4．安心して育てられる環境の整備……………………… 132
　　5．安心して働ける環境…………………………………… 135

第6章　人材社会学を整備する人材システムのあり方…… 139
　　　　　　　　　　　　　　　　　　　　　　　武内　崇夫
Ⅰ．定昇制度の確立…働きがいある賃金政策、賃金制度の
　　整備………………………………………………………… 140
　　1．人材社会学を整備する賃金政策のあり方…………… 140
　　2．賃金表の整備…………………………………………… 141
　　3．賃金表をベースとして個人別賃金が決まる………… 143
　　4．ベアと定昇の区分……………………………………… 144
　　5．賃金体系の確立………………………………………… 146
　　6．スキルステージ別の賃金体系………………………… 149
　　7．定昇制度の確立………………………………………… 150

Ⅱ．高齢化への対応…定年廃止、実力支援、年金の充実、賃金
　　カーブの修正……………………………………………… 153
　　1．定年制の廃止…………………………………………… 153
　　2．実力支援体制の整備…………………………………… 154
　　3．年金の充実と退職金の見直し………………………… 155

4．賃金カーブの修正……………………………………… 156

Ⅲ．社会的公平性の堅持…雇用形態を超えて、同一価値労働同
　　一賃金（または同一価値労働力同一賃金）の推進………… 159
　　1．雇用多様化の背景と問題点……………………………… 159
　　2．雇用形態の違いを超えて同一価値労働同一賃金の実現… 160

第7章　安定した雇用システムの整備……………………… 165
　　　　　　　　　　　　　　　　　　　　　　　　野原　茂

Ⅰ．援助する雇用政策のあり方…………………………………… 166
　　1．定年制廃止で真の終身雇用を…………………………… 166
　　2．人材育成には長期雇用が必要…………………………… 167
　　3．能力開発は機会均等……………………………………… 169
　　4．ワーク・ライフ・バランスの実現で公正な雇用……… 170
　　5．勤務時間短縮への取り組み……………………………… 171
　　6．柔軟な雇用システム……………………………………… 173

Ⅱ．人生論からみた賃金………………………………………… 177
　　1．生きがい論………………………………………………… 178
　　2．働きがい論………………………………………………… 179
　　3．自己啓発～まかぬ種は生えぬ…………………………… 180

第8章　人材社会学のまとめ………………………………… 183
　　　　　　　　　　　　　　　　　　　　　　　　楠田　丘

Ⅰ．人材に求められる3つの要件………………………………… 184

Ⅱ．第1に「能力」のチェック………………………………… 185

Ⅲ. 第2に「人生哲学」をもっているかのチェック……………190

Ⅳ. 第3に「自己特性」をみつめ、活かしているかの
　　チェック………………………………………………………192

あとがき／199

第1章 chapter 1

総論
人材社会学

日本賃金研究センター代表幹事 楠田 丘

I.「人材」こそが経済・社会の基軸

1 人材育成が基本（垂直）

　人材こそが経済・社会の基軸をなす。**図表1**でみるとおりである。そこでまず何よりも大切なのは、人材の育成（組織による育成と自己による成長の協和）である。その育成のレベルの高度が、経済・社会の高さを上下することとなる。

　図表1でみるように、海面（期待される人材・経済・社会のレベル）よりもずっと高ければ高いほど、社会も経済も燦々と照る陽の下、爽やかな風に吹かれる環境となる。いわば、人材育成のあり方が、社会・経済の垂直の高さを上下させることとなる。

図表1　垂直（人材育成）と水平（経済と社会）

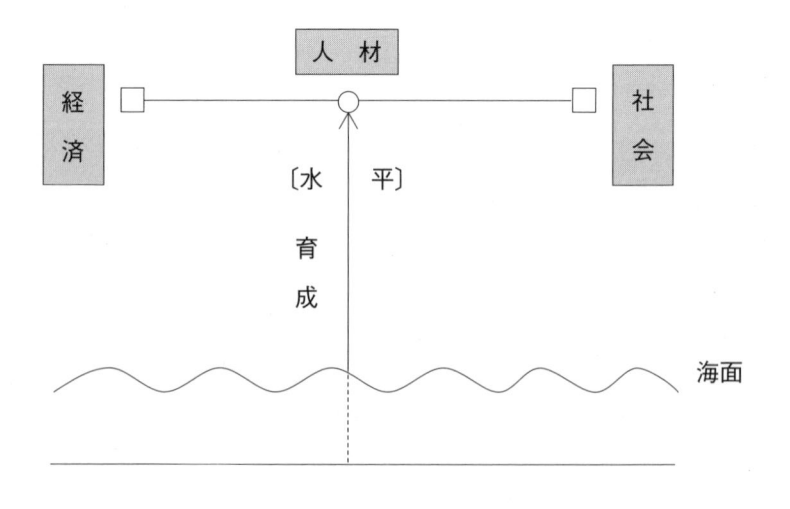

第1章　総論　人材社会学

2 経済と社会に向けてたくましく（水平）

① 「人材」⇒　社会

　ところで、人材と社会の間には、生活（LIFE）、家庭、教育・福祉の3つの要素が位置づけられる。それぞれが力強く右に水平に機能しなければ、明るく自愛に満ちた社会は形成されない。

② 「人材」⇒　経済

　一方、左に向かっては**図表2**でみるとおり、労働（WORK）、経営、市場を経由して経済に至る。後述するように、それぞれが力強くたくましければ、明るく輝かしい経済が持続される。

　すなわち、人生は、生活、家庭、教育・福祉、労働、経営、市場の6つの要素から構成、支援されている。どれか1つ欠けても、明るく力強く愛に満ちた「社会」「経済」はありえない。

図表2　人材社会学の構成要素

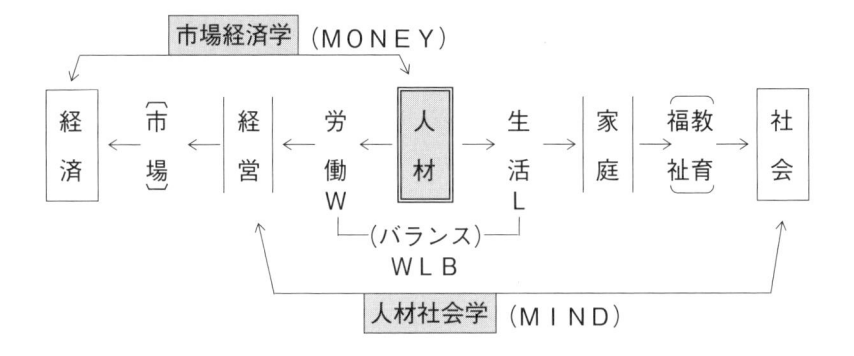

```
        市場経済学 (MONEY)
   ┌──────┬──────────┐
   ↓      ↓          ↓
 ┌──┐ ┌──┐┌──┐┌──┐┌──┐┌──┐┌──┐┌──┐┌──┐
 │経│←│市│←│経│←│労│←│人│→│生│→│家│→│教福│→│社│
 │済│ │場│ │営│ │働│ │材│ │活│ │庭│ │育祉│ │会│
 │  │ │  │ │  │ │W │ │  │ │L │ │  │ │    │ │  │
 └──┘ └──┘└──┘└──┘└──┘└──┘└──┘└──┘└──┘
              └─(バランス)─┘
                    WLB
   ↑                              ↑
   └────人材社会学 (MIND)─────────┘
```

11

Ⅱ.「人材社会学」と「市場経済学」

1 人材社会学と市場経済学

　以上から明らかなように、人材から社会に至る過程は、**図表2**でみるように人材社会学であり、一方、左への経済に至る過程が市場経済学ということになる。

　経済と社会は、人材を軸として堅く結び合っている。そこで両者の機能をまず考えてみよう。

人材社会学 ⇒	市場経済の発展によって生まれた富の社会・生活への配分（ワークシェアリング）を適切にし、個を尊重した人材の育成・活用・処遇を通じて、心豊かな社会と人生の創造をめざす。
市場経済学 ⇒	金融・資材・人材の市場流通・活用機能を効率的なものにすることによって、生産性の向上を図り、経済の可能な限りの発展を実現し、経済の力強い発展に寄与する。

2 相互の関連

　以上の相互機能を抱きながら、両者は**図表3**のように相互に関連し合う。

図表3　両者の相互機能と相互関係

人材社会学	＝	心豊かな<u>社会</u>の創造
市場経済学	＝	活力ある<u>経済</u>の強化

すべての人に努力と自己主張による愛と輝きに満ちた人生を！！

いずれが欠けても MIND あふれる社会・経済はありえない。市場経済学が WORK であり人材社会学が LIFE であって、両者の調和（バランス）が大切である。金と政治ではなく、社会と経済が大切であることを見失ってはならない。

では一体、今の日本の現状はどうなっているのだろうか。戦後の両者の変革の歴史からまず追って、そのあと現状と改革の方向を考えてみることとしよう。

Ⅲ．現状と改革の方向

1 戦後の両者の歴史的推移

労働経済白書の戦後のスタートは、1949年（昭和24年）で増田米二課長（旧　労働省統計業務部）が執筆責任者であったが、筆者も伊東（静岡県伊東市）の合宿に参加し、増田課長の指示で実際の執筆を担当した。

その時、日本の「経済白書」（昭和22年、経済安定本部）は、市場経済学を中心としていた。そこで、われわれが労働経済白書を執筆するからには、こちらは人材社会学でなくてはなるまいと認識した。

伊東の合宿所でまず執筆に先だち、2日2晩にわたって担当者全員で激論を交わし、人材社会学に論点をおいて、労働白書の第1回を執筆することとした。しかしながら、当時まだ人材社会学の構想が未発達であったため、まず人材社会学とはどういう論点で、どう構築すべきかを討論し、その成果として、**図表2**でみるような市場経済学と人材社会学の全体像を把握することができた。

この時、人材社会学が労働経済にとってきわめて重要なベースとなることを、全員で痛感し、人材社会学に重点をおいて、第1回労働経

済白書を執筆した。原案は市場経済学が1、人材社会学が9ぐらいの割合であった。

　ところが、思いも寄らずGHQ（連合国総司令部）に叱られた。その当時、労働省（現　厚生労働省）は竹橋に、GHQは日比谷にあって、筆者は連日のごとく内堀通りを駆け足で竹橋と日比谷の間を往き来していた。電車だと神田、東京、有楽町経由となって時間がかかったので、GHQに走ってこいといわれていたからである。

　私は、神田駅前の日米会話学院に通うのと併せて、九州大学在学時代、福岡の板付空港（一部米軍基地）でトラック運転のアルバイトをしていたこともあって、英会話を完全にマスターしていたため、GHQ担当となる機会を与えられ、アメリカの賃金を学ぶことができた。

　筆者が書いた労働白書の第1回の原稿は、自分としては十分自信があったのだが、GHQは人材社会学は不要、労働白書は市場経済学で書けと迫ってきたのである。筆者は、人材社会学が重要だと考えていたので、激しくGHQとやりとりをしたのだが、しょせん、GHQは勝者、こちらは敗者であったため、議論は対等に成立せず、原案は全部ボツとなり、書き直しを命ぜられ、労働省内でも書き直しに従うよう指示され、今度は都内の宿泊所で合宿し、市場経済学中心で書き直した。

　それは雇用問題を中心とし、賃金研究は後退した。市場経済学8、人材社会学2のウエイトに変わった。これでGHQにOKと認められ、1949年の第1回の労働経済白書は成立した（平成23年に第63回が公表）。

　豊かな働きがいのある社会というのは、人材社会学でなくてはならない。その根底には経済や経営という市場経済学があるが、両者のバランスをとることが近代経済学の大きな課題となる。

　ところが、その後の労働白書は市場経済学8、人材社会学2のウエ

イトのまま、ほぼ60年間を過ごしてしまった。そしてそれが、次の節で述べる今日の社会・経済の歪みを生み出してしまったといえる。しかしながら、2～3年前から日本の労働経済白書はようやく本来の労働経済白書に戻りつつあるといえる。

いま、日本の社会は乱れきっている。経済もどん底だけれども、社会はそれ以上に乱れている。格差も拡大するし、少子化も歯止めがかからない。世の中で市場経済学という言葉はあっても、人材社会学という言葉を知らない学者や労使は山ほどいる。

政府自体にも人材社会学という認識があまりないが、経営者も、労組幹部も人材社会学についてはあまり口に出さない。

では、今日の人材社会はどうなっているのか。簡単に点検してみよう。

2 市場経済学と人材社会学の現状

既述のように垂直（人材の高度な育成）と水平（人材を基準とした経済＝W、社会＝Lのバランスのとれた人間性に溢れた安定的成長）こそが人材政策のあるべき姿だが、前記のような戦後の歴史的経過を踏まえて、今日のわが国の人材を基準とした経済、社会の実情は**図表4**でみるように、左右に大きく垂れて経済も社会も残念ながら陽の当たらない冷たい海面下に漂っている。

これはやはり、戦後67年間、とりあえずまず経済の回復、発展を優先し、豊かな経済と、それをベースに雇用の拡大と安定をめざしたことを背景としている。

それ自体は誤りではなかったとしても、やはり併せて社会の安定整備にも力を向けるべきであったのではないかとも思われる。

図表4 人材を基軸とした経済・社会のゆがみの現状（概念図）

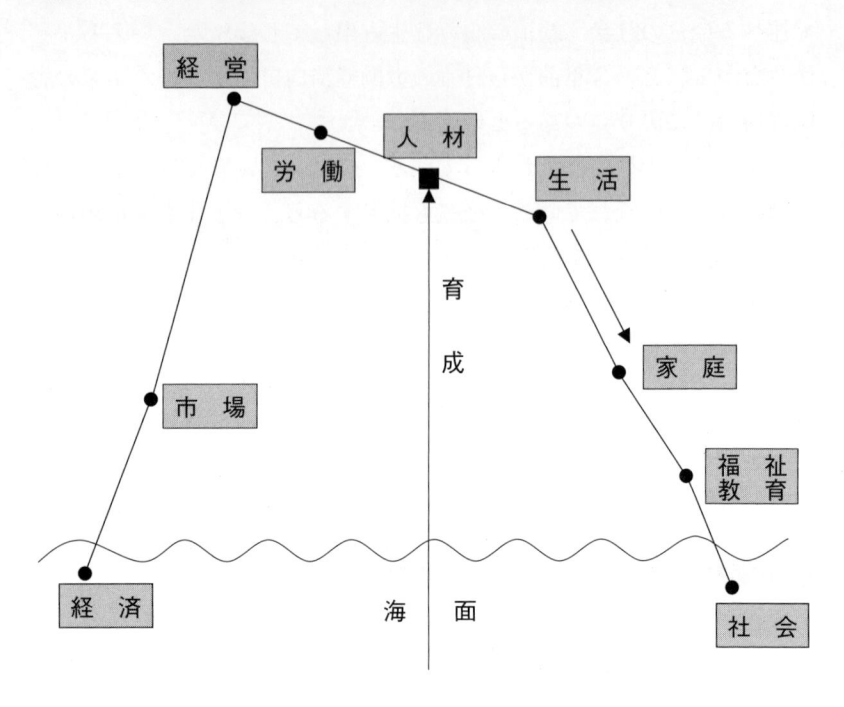

[図：経営－労働－人材－生活の連なりと、市場、家庭、福祉・教育、経済、社会、海面、育成の関係を示す概念図]

そこでまず総論として、問題点を指摘してみよう（これらの詳細については、次の各論で述べていくこととなる）。

① **WLB（ワークライフバランス）**

まず第一に労働（W）と生活（L）のバランスが大きくくずれている。今日、労働者は働くことに全力を傾け、労働時間短縮や有給休暇の取得に消極的で、労働と生活のバランスは大きくくずれている。例えば、有給休暇の取得率はわずか45％で生活時間を縮めている。また、残業のため、生活に回す時間が短く、子供と公園でボール投げをする時間や子供の勉強を見たり、家事手伝いをする時間が圧縮されている。

それがワークとライフのバランスをくずし、左右水平がスタート

からくずれ、右（生活）への踏み込みが薄弱になっており、いわゆるワークライフバランスが社会の豊かさを出発点から大きく阻害している。

② **出生率の低下**

自分が小学生の頃（大正の終わりから昭和の初め）には、6人兄弟、7人家族がざらであった。私自身も7人兄妹の中で五男坊であった。それが国勢を強め日本の発展に貢献した。

今日の最大の問題点は出生率の低下である。いま日本は親2人、子供1.4人という悲惨な状況にあり（**図表4**の家庭の落ち込み）、このままで行けば、およそ80年間で人口は7割に落ち込む状況にある。

すなわち、次のように約600年後に日本の人口は現在の8％にまで落ち込み、確実に日本は地球から消滅（どこかの属国）する。

　　　140年後　現在の人口の50％
　　　280年後　現在の人口の25％
　　　420年後　現在の人口の13％
　　約560年後　現在の人口の8％

人口こそは国勢であり、出生率こそが国家にとって最大の課題となる（**第5章参照**）。

③ **社会性（心）教育の不安定性**

教育には知的教育、体力教育、そして社会性教育の3つがある。わが国では、最初の2つは充実して行われて効果を上げてきているが、残念ながら第3の社会性教育は欠如してきている。

このため、社会の安定性は今日、薄弱化しており、反社会的行動が社会を暗くしている。このままでは、明日の鮮やかな日本はあるまい。

　　　社会　⇒　経済　⇒　社会

心豊かな社会があってこそ力強い経済があり、たくましい経済が

あってこそ、明るい社会が成立する。

④ **安定した心豊かな社会の実現をめざして**

以上から明らかなように、安定して心豊かな明日の社会を築き上げていくには、生活の安定的充実、出生率の高い楽しい家庭の形成と社会的福祉支援、そして社会性教育の高度化がぜひとも必要となる。

そうすることによって、心豊かな明るい社会の実現が可能となり、それがまた人材の成長、そして経済の発展を支援することになる。

3 市場経済学の今日的明暗

図表4で見るように、人材から経済に至る道程は、労働・経営までは労働者の労働に対する熱意、さらに継続的生産性向上によって、今日たくましく左上りの輝かしい状況の中にある。

それは日本生産性本部の設立の理念である、①雇用の維持拡大、②労使の協力と協議、③成果の公正な配分という、「生産性運動3原則」の経済的必要性が労使によって十分認識されていることを受けている。

しかしながら、経営から経済に至る間の市場状況が、歴史的国際的に混乱している。

国際市場は1970年代にオイルショック、1990年に円高ショック、そして2008年にリーマンショックで大きく混乱、これが世界の不況を招き、日本経済もこれを受けてダメージを受けた。

今日の日本の社会事情も、この経済情勢を強く受けていることは否定できない。

4 外部労働市場と内部労働市場

日本は国際的にみれば内部労働市場だが、社会的産業（学校、病

院、農協、運輸通信、マスコミ、建設など）は外部労働市場を基本としている。したがって、人材政策（人材育成・活用・処遇）も企業レベルではなく、外部的視野に立った理念・政策・システムの各面で整備していくことが今日的課題である。

そこで、第4章（支援産業（病院）のこれからのあり方）、第5章（豊かな社会を創る人生要素）については、外部労働市場を念頭に置いて今後のあり方を考えていくこととしたい。

IV. 人材社会学分野での、これからの労使の課題と対応のあり方

以上を受けて、今後の人材社会学分野での政府を交えての労使の対応すべき分野と課題を整理してみよう。

1 人材の育成（能力主義）と活用（実力主義・加点主義）

能力主義を整備し、政府の支援（雇用機会に恵まれていない人材を中心に社会的負担による高度な技術、技能付与）、それによって各人は雇用機会が拡大、社会、経済への寄与の高度化を図る。

そしてその人材の社会、経済的活用を実力主義（実力＝能力＋行動力）、加点主義（本人の意思、適性に応ずる分野での人材活用）に応じて積極化する。

今日、ミドルマネージャークラスの労働意欲の低下が課題となっているが、人材政策を減点主義から加点主義に転換していくことが何よりも重要である。

集団主義には、減点主義と加点主義の2つがある。

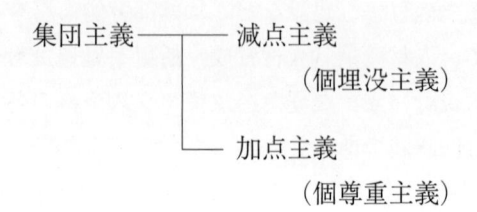

```
集団主義 ─┬─ 減点主義
         │    （個埋没主義）
         │
         └─ 加点主義
              （個尊重主義）
```

【加点主義】

　従来、日本の集団主義は個を埋没させる、つまり出る杭は打つ形の減点主義人事であった。しかし今後、組織の活力を高めていくには、個を活かす、つまり出る杭は育てる個尊重主義人事すなわち加点主義人事に転換していくことがぜひとも要件となる。

　チャレンジを高く評価し、個を重んずる加点主義人事を進めるには、次の諸制度の整備が不可欠である。

　① 公募制度
　② 自己申告制度
　③ アセスメント
　④ 目標面接制度
　⑤ 複線型昇進制度

この５つの制度について、簡単に説明しておこう。

①公募制度

　営業部内に欠員が５人できた。誰か営業に行きたい人、手をあげて！その中から誰かを選んで営業に配転する。熊本支店に欠員が出た。誰か熊本に転勤したい人がいたら手をあげて！そしてその人を熊本に転勤させる。これなら各人のヤル気（マインド）は高まる。

　減点主義の場合、個人より組織の論理を優先し、一方的に本人の意思を無視して命令する。これでは各個々人の意欲は高まらない。

　社員（特にミドルマネージャークラス）の意欲低下を打破するためにも加点主義人事に転換することが必然的課題となる。

②自己申告制度

　例えば、生涯労働の中間点40歳の誕生日に人事部長と個々人とが面接をし、本人の意思に従って定年年齢を決める。それによって人材の有効な活用が可能となる。それを一方的に経営側が本人の意思を確かめることもなく、定年年齢を例えば60歳と決めるなど、まったくもって個を尊重しないダーティーなやり方である。

　筆者にいわせれば、60歳まではまだ子供である。60歳を過ぎてからが本当の活力あふれる人生であることを見失ってはならない。そもそも定年年齢などは廃止すべき性格のものである。

③アセスメント

　図表5でみるように、多面的、総合的、勤態的評価制度をアセスメントという。

　人事考課は通常上司が部下を評価するという形の一方的なものであるが、アセスメントでは、指導力などは部下が上司を評価する。また、協調性などは同僚が評価し、さらに営業力などはお得意様に評価してもらう。そして高度な知識や技能については上司の評価では無理で、先輩に評価を委ねる。

　このような多面的な評価によって、評価の客観性を高めることができる。さらに人事考課は能力・成績・情意の三側面のみの評価に限定されるが、アセスメントは意思・適性・キャリア・コンピテンシー（実力）までをも幅広く評価する。

　また、人事考課は、過ぎ去った１年間を評価（長所・短所の発見）の対象とするのに対し、アセスメントは過去５年間を評価の対象期間とし、動態的な評価を行う。

図表5　アセスメント

システム	評価者	対象	期間
人事考課	上司	能力 成績 情意	単年度
アセスメント	部下 同僚 得意先 先輩 （多面的）	意思 適性 キャリア コンピテンシー （総合的）	5年間の分析 （動態的）

図表6　日本型成果主義のロードマップ

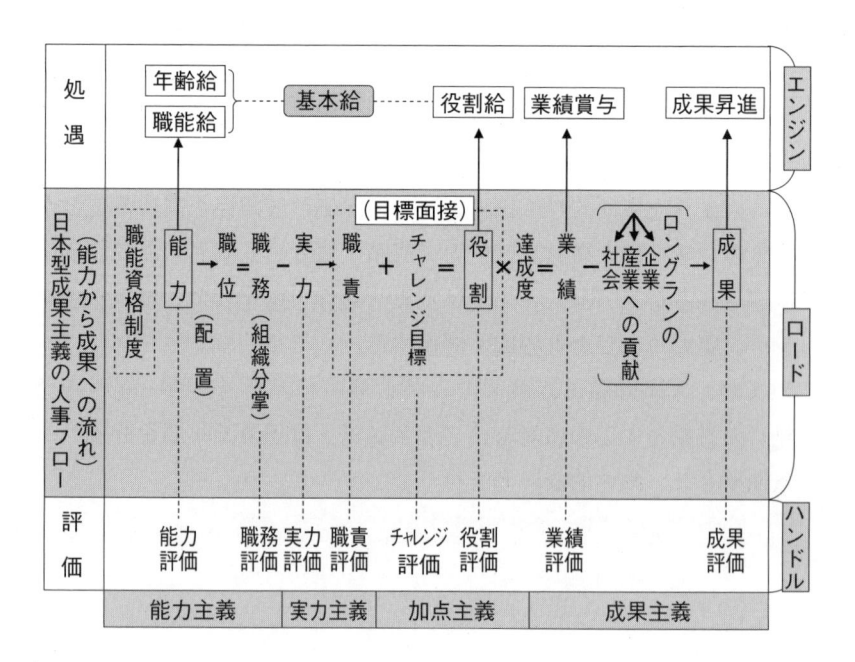

処遇：年齢給／職能給 → 基本給 → 役割給　業績賞与　成果昇進　【エンジン】

日本型成果主義の人事フロー（能力から成果への流れ）：
職能資格制度　能力 → 職位（配置）＝ 職務（組織分掌）− 実力　職責 ＋ チャレンジ目標（目標面接）＝ 役割 × 達成度　業績 − ロングランの企業・産業・社会への貢献　成果　【ロード】

評価：能力評価　職務評価　実力評価　職責評価　チャレンジ評価　役割評価　業績評価　成果評価　【ハンドル】

能力主義　実力主義　加点主義　成果主義

④ 目標面接制度

　加点主義人事の第４番目のシステムは目標面接制度であるが、その目標面接は**図表６**でみるように、日本型成果主義人事の中央点をなす。これがなければ、日本型成果主義は成立しない。

　目標面接の場で、職責にチャレンジを加えて上司と合意の中で、向う１年間の役割が設定される。

　さて、その目標面接だが、**図表８**で示すミッションシート（企業によっては「チャレンジシート」、「目標設定シート」などと呼んでいる）をベースにして、目標設定面接が行われる。まず**図表７**をみていただきたい。

図表７　目標面接のしくみ

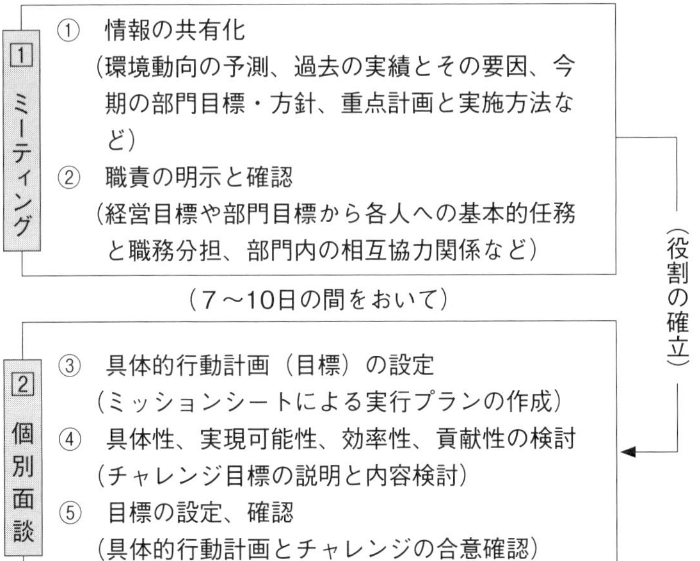

```
┌─────┬──────────────────────────────────┐
│     │ ① 情報の共有化                    │
│ １  │   （環境動向の予測、過去の実績とその要因、今 │
│ ミ  │    期の部門目標・方針、重点計画と実施方法な │
│ ー  │    ど）                          │
│ テ  │ ② 職責の明示と確認                │
│ ィ  │   （経営目標や部門目標から各人への基本的任務 │
│ ン  │    と職務分担、部門内の相互協力関係など）  │
│ グ  │                                  │
└─────┴──────────────────────────────────┘
         （７〜10日の間をおいて）
┌─────┬──────────────────────────────────┐
│     │ ③ 具体的行動計画（目標）の設定     │
│ ２  │   （ミッションシートによる実行プランの作成） │
│ 個  │ ④ 具体性、実現可能性、効率性、貢献性の検討 │
│ 別  │   （チャレンジ目標の説明と内容検討）    │
│ 面  │ ⑤ 目標の設定、確認                │
│ 談  │   （具体的行動計画とチャレンジの合意確認）  │
└─────┴──────────────────────────────────┘
```
（役割の確立）

　　　　（注）役割＝職責＋目標（チャレンジ）

図表8　ミッションシート（例示）

職責	今期の期待役割		達成度評価	
	具体的行動計画 （目標、方策、留意点、期限など）	チャレンジ	本人	上司
1.				
2.				
3.				
4.				

（注）6つのチャレンジ－確実、育成、拡大、革新、創造、自己充足

　目標面接はミーティングと個別面接の2段階からなる。

　まず第1のミーティングは、情報の共有化から始まる（情報は職場の明りである。情報が豊かであれば職場は明るく、皆、意欲をもって活発に動く）。

　今日、ミドルマネージャーの労働意欲が衰え、それが組織の弱体化をもたらし、社会、経済の活性化を阻害している。そのためにも、①基幹職の性能分類化（複線型昇進制度）と、②この目標面接制度の整備充実が不可欠である。

　「ミーティング」が終了したら、次に職責の明示と確認に入る。そのベースとなるのが**図表8**のミッションシートである。

　職責（組織上定められている職務に本人の実力を加味して設定した職務の責任範囲）の明示と確認がまず行われる。職責は課業（タスク）の集合体であるから、ミッションシートの職責欄に、上司が組織上の職務に本人の実力を加味して課業を指定して、本人に記入させる。通常、各人の職責は最大15個程度の課業で構成されるの

で、ミッションシートの職責欄は15行程度で作っておくことが望ましい。これで①ミーティングの②が終了するので、7～10日間の間をおいて②の個別面談に入る。この7～10日間の合間に、各人は**図表8**の具体的行動計画欄に、課業ごとにいつ頃まで（期限）に、どういう点に気を使い（留意点）、どういうやり方（方策）で、どれだけ（目標）のことを成しとげるかを細かく記入する。その際、その行動計画に何らかのチャレンジ（**図表8**の注を参照）を必ず織り込むことが求められる。

チャレンジが含まれていない場合、上司は今期の役割を認めない。

職務＋実力＝職責＋チャレンジ＝役割
役割給＝職責給表×チャレンジ係数

図表9でみるように、一つひとつのチャレンジ内容が具体性、実現可能性、効率性、そして貢献性の4つのすべてを満たしていれば、チャレンジを有効とみなし、チャレンジ係数が乗じられて役割ができる。ただし、布石有効（**図表10参照**）の場合は、係数の半分が乗じられる（ハーフ係数）形となる。

図表9　チャレンジ目標係数（例示）

①	確実、拡大、育成、自己充足	1.02～1.04
②	革　　新	1.05～1.07
③	創　　造	1.08～1.10

図表10　チャレンジの係数決定要因

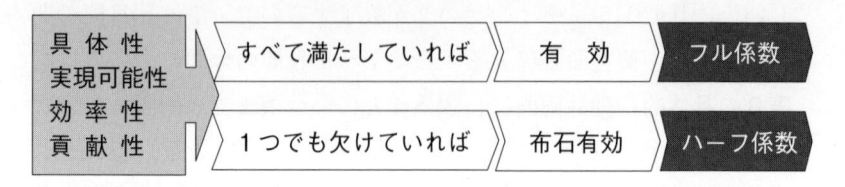

| 具体性 実現可能性 効率性 貢献性 | すべて満たしていれば | 有　効 | フル係数 |
| 具体性 実現可能性 効率性 貢献性 | 1つでも欠けていれば | 布石有効 | ハーフ係数 |

⑤　複線型昇進制度

　図表11でみるように、人材は職能資格制度をラダー（梯子）として成長していくが、「J－1」～「S－4」までが「一般職能」、「S－5」～「M－7」が「ミドルマネージャー」、そして「M－8」～「M－9」が「ハイマネージャー」ということになる。

　ミドルマネージャー層の力と意欲があってこそハイマネージャー層の成果が高まり、社会、経済の発展に強くたくましく貢献していくことができる。このミドルマネージャー層の意欲を高めるには、前述の加点主義人事を強力に整備し進めていくことが条件となる。

　さらに、最も重要なのは、**図表11**のハイマネージャー層に、適性による人材活用コース（複線型昇進制度）を**図表12**でみるような構成で設定しておくことが、人材社会学における人材要件となる。

図表11　ミドルマネージャーの位置づけ

職能資格	基幹職階層
M－9, 8	（ハイマネージャー）
S－7, 6, 5	ミドルマネージャー
J－4, 3, 2, 1	（一般職能）

　この詳細は後述の第2章からの各論と第8章のまとめで詳述する。

　人材が身につけるべき人材哲学は、この人材種別によって異なるからである。

第 1 章　総論　人材社会学

図表12　複線型昇進制度編成の例示

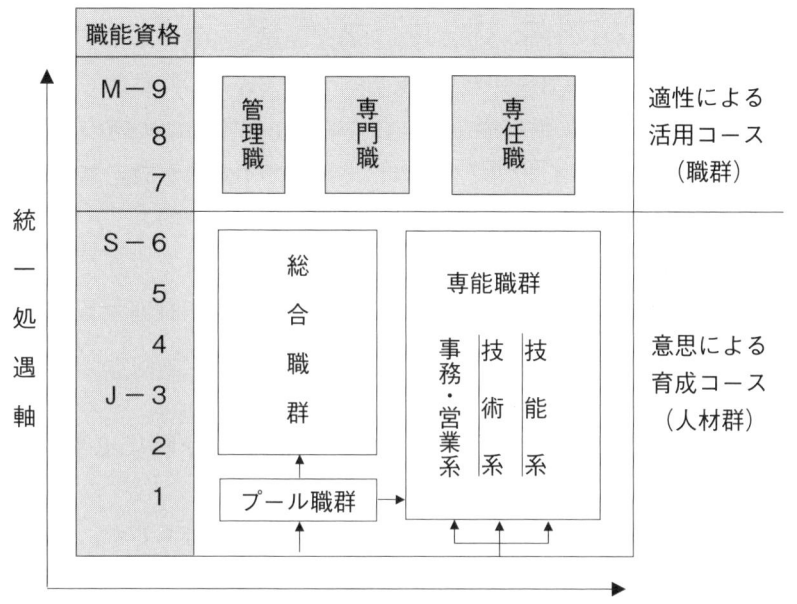

	職能資格			
	M−9 8 7	管理職	専門職	専任職

適性による
活用コース
（職群）

	S−6 5 4 J−3 2 1	総合職群	専能職群 事務・営業系／技術系／技能系 プール職群

意思による
育成コース
（人材群）

統一処遇軸 ↑

多元的人材の育成・活用軸（職群管理）→

2　労働と生活の調和（WLB）

　人材から経済、社会に向けてのスタートは、ワークとライフの調和（心身のバランス）から始まる。このバランスがくずれていれば、せっかく人材育成を高くしても、経済か社会かのいずれかが海面下に没してしまう。そこでまず、両者のバランス（WLB）を図る努力こそがなによりも労使にとって大切である。そしてそのためには WS（各面でのワークシェアリング）を適切にすることが要件となる。この WLB と WS については「各論」で詳述することにする。

3 家庭ライフプログラムをベースに、子女教育支援およびそれと関連する産業界の整備による出生率の高揚の推進

家庭ライフプログラムとしては、26歳で結婚、30歳で第1子、33歳で第2子、35歳で第3子が望まれるが、もちろんその具体的対応は、個々人の生活設計に準拠することになる（上記年齢は夫婦の平均年齢）。そしてこのライフプログラムに準拠して年齢給が設定され、それが「定昇制」を確立することとなる。

子女教育支援としては政府の機能強化が最優先されるべきだが、学校、病院、福祉、農協、マスコミなど関連産業界の人材理念と人材政策の整備支援が重要となる。

4 人材社会学の整備充実において、公的支援が特に必要な課題と内容

人材社会学の整備充実は労使に求められる課題ではあるが、課題の内容によっては公的支援が不可欠である。公的支援のポイントを指摘しておこう。

(1) 高度な技術、技能の社会的負担によるすべての人への付与

今後、日本の経済発展においてもまた、人材の盛んな海外転出（主としてアジアや中東の経済発展国からの受け入れ期待が高まっている今日の国際情勢）に対応するためには、国内人材の高度な技術、技能の習得によるレベルアップが必要で、それが今後の世界における日本の位置づけを高めることにもつながる。自らの就職機会を高めることを含めて、自らの人生を豊かにするための技術・技能の習得を望む人材が増加しているが、その場合、費用と機会をえることができず、人生の路頭に迷っている者が少なくない今日、公的負担による習得機会を増やすことが強く求められている。

(2) 愛を重視する社会的教育の機会増大

「社会」の品質（愛と正義の度合い）を高度化するには、公的社会

正義教育の機会増大こそが基本であり、かつ不可欠だが、今日の日本において知的教育（ヘッドパワー）・体力教育（ボディパワー）は、かなり整備されているが、社会的心得（マインドパワー）を教育する社会は遅れていることは否定できない。それが日々の非人道的行為の増大に歯止めがきかない状況にある。

安定した社会があってこそ力強い経済がある。豊かな社会なくして力強い経済はありえないことを、認識すべきである。そこに「人材社会学」の意義があり、その鍵を握るのはこの人間性を広げる社会的教育の充実にあることを見失ってはならない。

(3) 人生を支援する産業界（学校、病院、農協、マスコミ等）の人材政策の整備支援

経済と社会の両者を連結し、そのレベルを高めていくのは人材の質と量次第であるが、その人材の質と量の整備、充実を支援するのが人材支援産業、つまり学校（教育）、病院（健康・意欲の欠損からの回避）、農協（日本経済の原点をなす農業の支援産業）、マスコミ（情報面で人材の成長を支援する産業）である。

ところで今日、これらの産業は不安定な現状にある。そこで今後、日本の社会、経済の豊かな発展を進めていくには、これら社会的基盤産業の経済面での公的支援と併せて、人材面での各面での支援（参入、育成、助言、助力など）が重要な課題となる。

(4) 高齢化への対応（実力支援、定年廃止、年金の充実、賃金カーブの修正）

高齢化が進むこれからの日本の経済、社会の順調かつたくましい発展を確保していくには、次の諸課題の推進が要件となる。

イ）出生率の高揚

人口は国勢である。今日の日本の人口減少は、将来の日本の状況を暗黒化する。出生率の高揚、子女育成の支援などを通じて高齢化による社会・経済の薄弱化を阻止することが不可欠である。

ロ) 実力支援

　高齢化が進むと、知力の低下は防止できるが、体力の低下、気力の低下は防ぎようがない。つまり人材の実力の低下が高齢化社会の重要な課題となる。

$$\left.\begin{array}{l}\text{知力} \longrightarrow \text{脳力} \\ \left.\begin{array}{l}\text{体力} \\ \text{気力}\end{array}\right\} \longrightarrow \text{行動力}\end{array}\right\} \text{実力}$$

　そこで今後、a) 実力評価、b) 実力低下抑止策の強化、c) 人材活用に当たっての実力主義、加点主義の導入、d) 積極的に高齢層人材を活用し意欲（気力）を昂揚させるといったことが必要となる。

ハ) 定年年齢の自由化

　経営側が一方的に定年年齢を決めるのは、人間性尊重に反する。40歳の誕生日に、経営人事担当者が個々に面接し、本人の意向と実力の現状を踏まえ、定年年齢を60〜100歳の間で設定する。

ニ) 年金の充実

　退職一時金は極力年金化し、退職後の生活支援に充てる。

ホ) 賃金カーブの修正

　今日の賃金カーブは、生涯労働の前半は働きに比べてアンダーペイ、後半はアッパーペイとなっているが、これを修正し、前立ちのカーブとする。

5 安定した雇用システムの整備と、雇用形態を超えての同一価値労働力同一賃金（または同一価値労働同一賃金）の推進、さらに定昇制の確立

(1) 雇用システムの整備

　雇用環境、労働者の価値観の多様性などからして雇用形態が多様化していることは、社会的にみて、必ずしも邪悪ではない。ただし、例

えば本人の意思と労働環境を無視して、経営の立場からのみで非正規を多くすることは、やはり正当な雇用システムであるとはいえまい。本人の願望があるなら、できるだけ早く、非正規から正規に転換させることが社会正義であるといえよう。

(2) **同一価値労働力同一賃金、または同一価値労働同一賃金の厳守**

雇用形態は異なるとしても、賃金については同一価値労働力同一賃金（職能給）または同一価値労働同一賃金（職務給）を堅持するのが社会的正義である。

ぜひ、職能給を導入して、同一価値労働力同一賃金を整備していただきたい。

(3) **雇用形態を超えて定昇制は同一共通であること**

賃金体系には必ず年齢給（上述の家庭ライフプログラムに沿って年齢別最低生計費を保証するシステム）を整備し「定昇制」を明確にし、毎年必ず実行する。賃金カーブの中には定昇でない昇給が5割程度含まれており、また、3月のベア交渉で賃金カーブは毎年修正されていく。

したがって、「定昇」を"賃金カーブの維持"と表現することは正当でない。あえて表現するならば、「2月時点での賃金カーブの中に含まれている定昇の維持」と表現すべきである。

賃金交渉のステップは、次の形であることを見失ってはならない。

① 2月中にその時点にある賃金カーブで定昇制を実施
② 3月1日～15日の間に労使交渉し、賃金表、賃金カーブを修正する
③ 上記の労使交渉を踏まえ、新しい年度で賃金表（賃金カーブ）を設定し、4月1日に全員に賃金表を配布し、新年度の賃金がスタートする

V．過去100年間の人材政策と今日的課題

1 過去100年間の人材政策の経過

　戦後の人材社会学の経過の概要については、すでに、Ⅲの現状と改革の方向で述べたとおりであるが、どちらかというと、市場経済学は雇用問題、人材社会学等は賃金問題の色彩が強い。

$$\begin{cases} 市場経済学───「雇用問題」\\ 人材社会学───「賃金問題」\end{cases}$$

　そこで、過去100年間の賃金政策がどのように経過してきたかをまず**図表13**で眺めておこう。

図表13　過去100年間の日本の賃金政策の経過

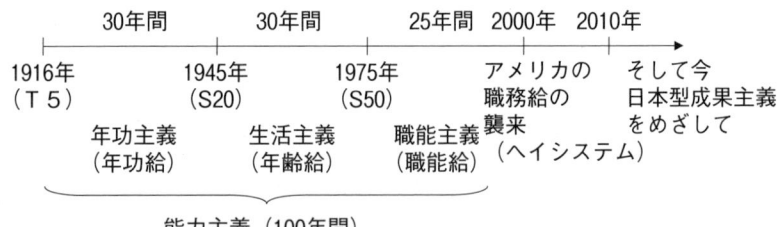

```
       30年間      30年間      25年間  2000年  2010年
  ├────────┼────────┼────────┼──────┼──────→
1916年       1945年       1975年    アメリカの    そして今
（T 5）      （S20）      （S50）   職務給の     日本型成果主義
                                    襲来        をめざして
  年功主義     生活主義     職能主義  （ヘイ
  （年功給）   （年齢給）   （職能給） システム）
  └─────────────────────────┘
         能力主義（100年間）
```

(1) 1916（T 5）年～1945（S20）年

　戦前はいわゆる3種の神器（アベグレンが「日本の経営」の論文の中で指摘した3種の神器は、終身雇用、企業内労働組合、年功賃金の3つからなる）は、社員の社内での年月成長の功績を尊重するもので、それ自体はすぐれた性格をもっている。

$$\begin{cases} 年功哲学　　○\\ 年功賃金　　× \end{cases}$$

すなわち、年功政策は哲学的に優れたものであるが（アジア哲学）、いわゆる年功賃金はダーティーである。

学歴 ⎫
性別 ⎪
　　　｝　**年功賃金**
身分 ⎪
勤続 ⎭

学歴別、性別、身分（正規か非正規か）別をベースに勤続で賃金を決めるもので、年功賃金はまさに反社会的である。

人材社会学にとって、年功賃金はまさに排除すべきものである。幸い基本的には、1945年それは破壊し、その後、能力主義（生活能力＝年齢給、職務遂行能力＝職能給）に変革していった。

(2)　1945（S20）年～1975（S50）年

GHQの圧力により日本の人材政策は修正されて要素別決定へ転換
年齢給＋職務・職能手当（生活能力主義）

(3)　1975（S50）年～2000（H12）年

職能資格制度・職能給（職務遂行能力主義）

1975年、オイルショックで日本の経済成長率が年率８％から４％に転落することで、右上り６％の年齢給は維持できなくなり、右上り３％の職能給へと転換した。

(4)　2000（H12）年～2010（H22）年

成果主義への転換（職務給）

1991年バブル崩壊に伴い、職能給も維持できなくなり、右上りゼロ（定昇なし、しかも上り下り自在）のアメリカ型の職務給がヘイシステムの手により、あわただしく侵入してきた。職能給、定昇制度といったあり方に批判が高まり、アメリカの職務給が広がっていった。

(5)　2010年～日本型成果主義をめざす－そして今、大変革・検討期に入っている

しかしその職務給は日本の風土に適応できず、いろいろと新しい難

問に直面している。

　そもそも、人事、賃金システムは組織風土となじむ形で成立し運用されるもので、人事、賃金システムのみを性急に切りかえてもうまく運用できるものではない。現に、アメリカ的な成果主義を導入した大半の事例でも、いろいろな面で問題を生じている。

　そこで今後は、成果主義を入れるとしても、イ）能力主義（人材育成）を基本とすること、ロ）実力主義、加点主義（個々人の特性を尊重する人事）で人材の活用を図ること、ハ）評価制度の多面化、総合化、動態化を図ることが要件となる。

2 人材政策をめぐる今日的課題

　以上を受けていま、日本の人事、賃金制度（人材政策）は**図表14**でみるような、心（理念）・技（政策）・体（システム）からなる人材政策をめざしている。

　それはまさに人材社会学の理念に添うものである。

　まず、求められる人材理念は次のインド哲学の３ヵ条からなる。

```
インド哲学 ──┬── 人間の価値は皆同じ（能力主義）
            │
            ├── 人間の価値観は皆異なる（加点主義）
            │
            └── 現状は過去の環境の運・不運による（思いやり）
```

　この３ヵ条を土台とし、求められる人材理念は、30年間隔でも時代に合致したあり方がつけ加えられる。2010年から2040年までグローバリゼーション（人材の国際化）が人材理念となる。

図表14　新 人材時代の心・技・体

心	技	体	
理　念	政　策	システム	運　用
3ヵ条	4側面	12 個	日　常
トップ	上層幹部	現　場	労　使
インド哲学	MIND ＞ MONEY	正しい理解	前向き

　そして上層幹部に求められる人材政策は、**図表15**で示すような能力主義での人材の育成をベースに、実力主義・加点主義で人材を活用し、そのうえで人材の努力に報いる成果主義を機能させるというもので、まさに日本型成果主義を構成する形となっている。
　日本の場合、いきなり成果主義だけを入れるというアメリカ型のマネー本位の成果主義とは異なるものとなっている。MONEY よりも MIND を重視するものが日本型成果主義の理念である。

図表15　日本型人材政策の4側面

労働市場の変革		4つの人材理論
売り手市場→買い手市場	成果主義	
能　力≠実　力	実力主義	
自己主張、意識多様化	個尊重主義 すなわち 加点主義	
高　齢　化	能力主義	
外部化、専門化		

※ MONEY よりも MIND を重視

　図表15で示した人材政策を実現し、人材社会学を具体化していくには、**図表16**で示す12個の人材政策システムを、現場労使が確実に

有効化していくことが必要となる。

　まず能力主義の4つのシステムがすべての基本となる。

　特に留意すべきは、職能資格制度を入れたなら、必ず職務調査を実施して、等級別の期待像（習熟要件と修得要件）を明示すること。ならびに、年齢給を入れて定昇制度を必ず整備すること。定昇制度こそが人材社会学の中軸となることを見失ってはならない。

　また評価制度は、誰がよい誰が悪いという形の相対考課ではなく、一人ひとりの長所と短所をみつめ、長所は伸ばし短所は是正していくという形の絶対考課であることがぜひとも必要である。

　さらに、すでに述べたように、加点主義と実力主義で人材を活用し、それを受けて成果主義の3本柱（役割給、業績賞与、成果昇進）を成立させることによって人材戦略が完結する。

図表16　人材システム－12個－現場労使

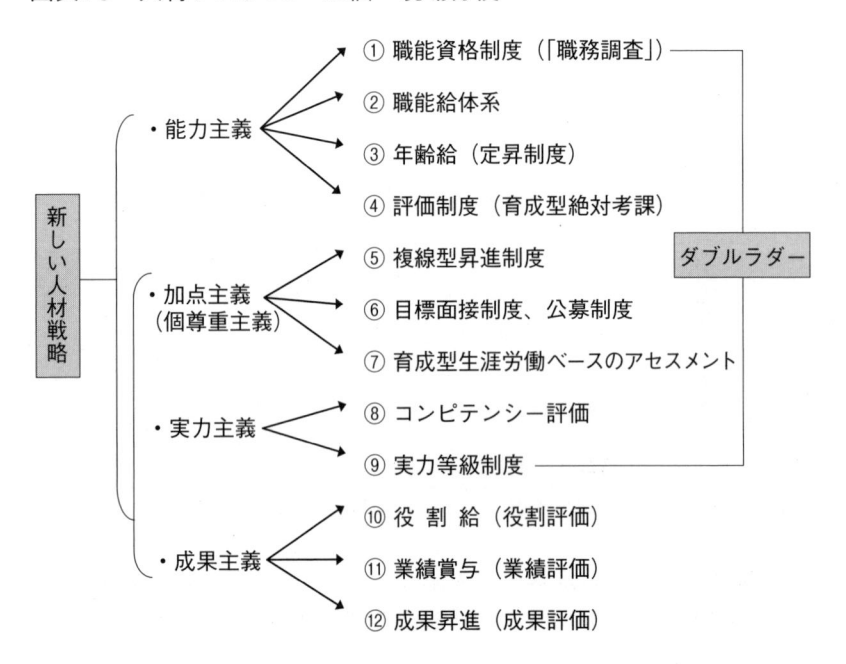

新しい人材戦略
- ・能力主義
  - ① 職能資格制度（「職務調査」）
  - ② 職能給体系
  - ③ 年齢給（定昇制度）
  - ④ 評価制度（育成型絶対考課）
- ・加点主義（個尊重主義）
  - ⑤ 複線型昇進制度
  - ⑥ 目標面接制度、公募制度
  - ⑦ 育成型生涯労働ベースのアセスメント
- ・実力主義
  - ⑧ コンピテンシー評価
  - ⑨ 実力等級制度
- ・成果主義
  - ⑩ 役割給（役割評価）
  - ⑪ 業績賞与（業績評価）
  - ⑫ 成果昇進（成果評価）

①と⑨：ダブルラダー

第2章
chapter 2

ワークライフバランス・
ワークシェアリング

日本賃金研究センター
代表幹事　楠田　丘

I．WLB（ワークライフバランス）

　第1章総論の図表2で述べたように、経済と社会の調和はまず第一に中央にある労働（W）―人材―生活（L）のあり方が鍵を握る。つまり、ワークライフバランス（労働と生活の調和）である。
　ワークライフバランスを総括して図示すると、**図表1**のようになる。

図表1　ワークライフバランスの概念図

　成果公正配分・労働分配率の適正化
　格差是正

ワーク
仕事
働きがい・生産性向上
経済の発展

くるくる回りながらたくましく前進
「生産性運動3原則」

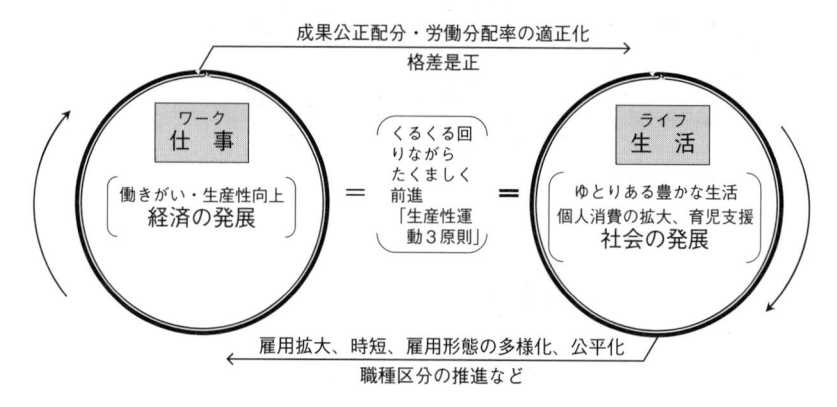

ライフ
生活
ゆとりある豊かな生活
個人消費の拡大、育児支援
社会の発展

雇用拡大、時短、雇用形態の多様化、公平化
職種区分の推進など

　図表1に示したようなワークライフバランスを維持するためには、前述したとおり、日本生産性本部設立理念である①雇用の維持・拡大、②労使の協力と協議、③成果の公正な配分という「生産性運動3原則」の現代的意義を改めて確認する必要がある。
　これらの3原則があれば、社会（生活）と経済（仕事）はくるくる回りながらたくましく前進する。
　この場合、後輪が右側の社会（ライフ）の発展であり、前輪が左側の経済（ワーク）である。車は後輪のエネルギーで前進する。

社会があって経済があり、経済があってまた社会がある。

図表2　春闘改革論

労使協議・協力で、経済・社会の安定的発展を！

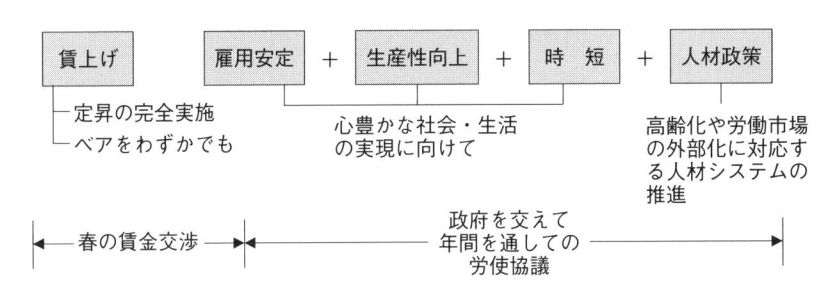

| 賃上げ | 雇用安定 ＋ 生産性向上 ＋ 時短 ＋ 人材政策 |

- 定昇の完全実施
- ベアをわずかでも

心豊かな社会・生活の実現に向けて

高齢化や労働市場の外部化に対応する人材システムの推進

|←　春の賃金交渉　→|←　政府を交えて年間を通しての労使協議　→|

このワークライフバランスを推進するには、春闘改革論も必要となる。**図表2**でみるとおりである。

春季賃金交渉は、定昇を中心に余裕があればベアを上乗せする形がせいぜいであり、ワークライフバランスまでを広く深く論議する余裕はない。そこで年間を通して、政府を交えての労使協議協力が不可欠となる。

まず心豊かな社会・生活の重視に向けて「時短」、「雇用安定」、「生産性向上」が不可欠であり、そのためには高齢化や労働市場の外部化（インターナルレーバーマーケット⇒エクスターナルレーバーマーケット）に対応して人材政策を改編していくことが不可欠であることを強調しておきたい。

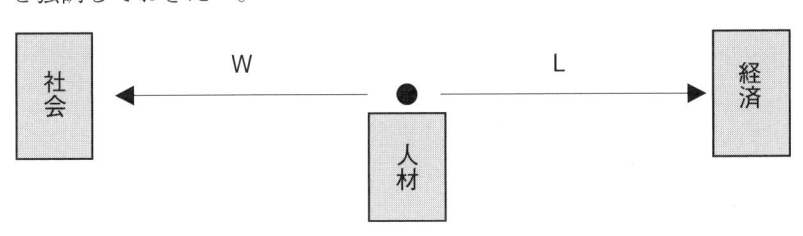

社会　←　W　●　L　→　経済

人材

第1章総論の図表4でみたように、左右出発点からWとLがアン

バランスでは、心豊かな社会を実現することはできない。

いま日本は、人間愛のない無縁社会が高齢化の中で広がりつつあり、悲しい限りである。

ところで、このようなワークライフバランスを達成していくには、適切なワークシェアリングが要件となる。

II. WS（ワークシェアリング）

シェアリングとは、「思いやりの分かち合い」ということで、一人で労働のすべてを一人占めして自らの生活を崩してしまうのではなく、他の人の労働の機会を高めると同時に自らの生活の質を高めることをいう。すなわち、ワークシェアリングなくしてワークライフバランスはない。そこで、これからの労使が取り組むべきワークシェアリングの内容を考えてみよう。

ワークシェアリングは、**図表3**の3つの側面を持っている。もちろん、この3つは相互に連携し合っている。

図表3　ワークシェアリング（WS）の3つの側面

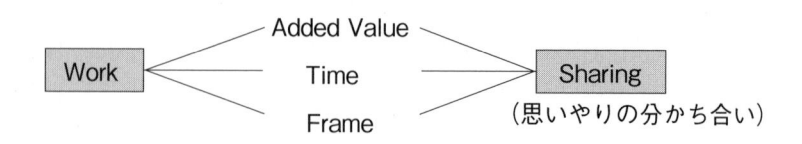

```
            Added Value
 Work  ←    Time        →  Sharing
            Frame            （思いやりの分かち合い）
```

この3つ（Added Value、Time、Frame）を適切に分かち合うことによって、社会的にワークライフバランスは成立する。

では、この3つについて、一つひとつ考えてみることとしよう。

第2章 ワークライフバランス・ワークシェアリング

第1　Added Value の配分

　まず第一は、Added Value、すなわち付加価値の配分からである。Added Value というのは**図表4**でみるように、付加価値である。付加価値は労使が新たに生み出した価値という意味で、売上高から外部購入価値を引いたものである。外部購入価値とは、材料費、外注加工費、消耗品費、動力費、諸経費などを意味し、さらにこれに加えて減価償却費までを差し引いたものを純付加価値という。通常労使関係でいう付加価値とは、V をいうケースが多い。

図表4　Added Value（付加価値）の範囲

売　上　高　（OP）									
粗　利　益									仕入原価
粗　付　加　価　値							外部購入価値	
付　加　価　値　（V）					外部購入価値			
純　付　加　価　値					外　部　購　入　価　値				
利益（内部留保）	配当金	租税公課	賃借料	金融費用	人件費（W）	減価償却費	諸経費	動力費	消耗品費	外注加工費	材料費・仕入商品
経常利益(R)											

　ところで、年度の初めに労使が話し合って決める目標成果と、年度の終わりに計測された達成成果の差額を超過成果という。この超過成果は、右図で見るように、株主、経営、労働者の三者に配分される。

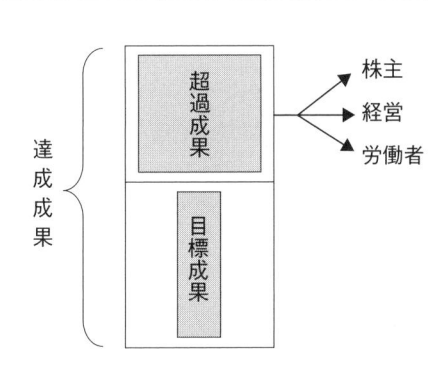

達成成果 ｛ 超過成果 → 株主／経営／労働者　目標成果 ｝

図表5　成果配分の経緯（これまでとこれから）

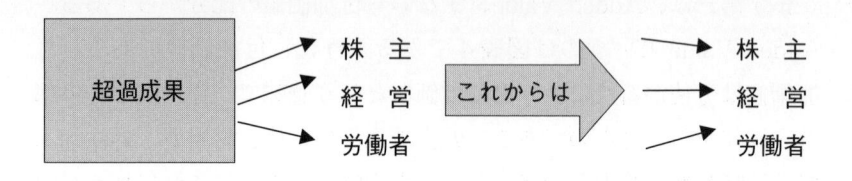

```
┌──────────┐ → 株　主                → 株　主
│ 超過成果 │ → 経　営   これからは   → 経　営
└──────────┘ → 労働者                → 労働者
```

　そのあり方だが、**図表5**でみるように、これまで株主（配当）や経営（社内保留）への配分が重視され、労働者への配分はやや軽視されてきた。これを受けて労働分配率は

　　平成13年　77.7%
　　平成19年　67.4%

過去6年間に約10%も低下している。これは明らかに成果の公正配分がくずれているといわざるをえず、それが**図表1**のワークとライフの輪の大きさを均等なものとせず、ワークとライフの順調なたくましい回転を歪めてきたといわざるをえない。車で例えるならば、上述のようにワークは前輪であり、ライフは後輪である。動力は後輪から発するものであることを見逃してはならない。

　さて、成果の配分においてもう一つ見逃してならないのは、非正規労働者の雇用の安定に成果の一部を極力回すことである。今日、日本の社会の不安定性の一つに非正規労働者の雇用の不安定さ、そしてそれからもたらされる社会の不安定性があることは見逃せない。

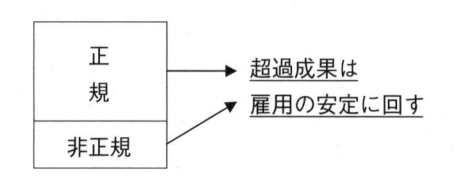

```
┌──────┐
│ 正規 │ → 超過成果は
├──────┤ → 雇用の安定に回す
│非正規│
└──────┘
```

第2 Work Time の配分

　第2の要点は、労働時間の適正配分である。労働時間の Sharing には、二つの側面がある。一つは生活への配分重視と、もう一つは非正規雇用の安定性への配分である。

```
労働時間 ──┬──▶ 生活時間へ
           │
           └──▶ 非正規の雇用安定へ
```

　この労働時間の短縮については、1986年の前川リポート（年間1,800時間に向けて）を見逃すことはできない。

　厚生労働省の毎月勤労統計調査によると2009年現在の年間総実労働時間数（30人以上事業所　パートを含む常用労働者）は、パート労働者の比率もあがり、また出勤日数も前年より6日間減少したこともあり、1,768時間と初めて1,800時間を切った。一方、一般労働者は依然として総実労働時間は1,957時間で1,800時間を大きく超えている。

　すなわち、今日段階でも年間の時間短縮が必要で、それには一つのあり方として、まず次のプログラムが検討されて良いであろう。

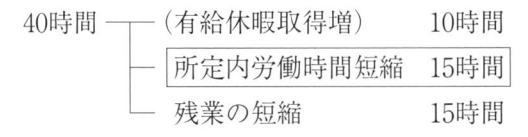

```
少なくとも40時間の短縮
　　40時間 ──┬─ （有給休暇取得増）　　10時間
             ├─ 所定内労働時間短縮　　15時間
             └─ 残業の短縮　　　　　　15時間
```

　この短縮した時間は、生活時間へ回すと同時に、上述のように非正規雇用の安定へ回すことも今日必要である。非正規雇用を安定化することは次の二つの意義を持っている。

① 同一価値労働同一賃金の原則の遵守
② 個々人の主観による労働形態の多様化への対応

また、有給休暇の取得率も今日、先述のとおりわずか47%だが、少なくとも7割までは持っていくようにしたい。

〔参考〕年次有給休暇の取得状況（1人平均　30人以上企業）

年	付与日数（日）	取得日数（日）	取得率（％）	年	付与日数（日）	取得日数（日）	取得率（％）
昭和59年 (84)	14.8	8.2	55.4	平成9年 (97)	17.4	9.4	54.0
60年 (85)	15.2	7.8	51.3	10年 (98)	17.5	9.1	52.0
61年 (86)	14.9	7.5	50.3	11年 (99)	17.8	9.0	50.6
62年 (87)	15.1	7.6	50.3	13年 (01)	18.0	8.9	49.4
63年 (88)	15.3	7.6	49.7	14年 (02)	18.1	8.8	48.6
平成元年 (89)	15.4	7.9	51.3	15年 (03)	18.2	8.8	48.4
2年 (90)	15.5	8.2	52.9	16年 (04)	18.0	8.5	47.2
3年 (91)	15.7	8.6	54.8	17年 (05)	18.0	8.4	46.7
4年 (92)	16.1	9.0	55.9	18年 (06)	17.9	8.4	46.9
5年 (93)	16.3	9.1	55.8	19年 (07)	17.7	8.3	46.9
6年 (94)	16.9	9.1	53.8	20年 (08)	17.6	8.2	46.7
7年 (95)	17.2	9.5	55.2	21年 (09)	18.0	8.5	47.4
8年 (96)	17.4	9.4	54.0	22年 (10)	17.9	8.5	47.1

厚生労働省「就労条件総合調査」
注1）平成12年（00年）は、調査対象期日を12月末日現在から翌1月1日現在に変更のため統計なし。
注2）「付与日数」には、繰越日数を含まない。
注3）「取得率」は、取得日数÷付与日数×100（％）である。

以上と関連して、労組の取り組みの実情を金属労協（IMF－JC）の事例で紹介しておこう。

時短事例（金属労協春闘資料より引用）

・金属労協（IMF－JC）の時短方針
　金属労協では、「年間総実労働時間1800時間台」の目標を掲げて取

り組んできたが、「労働諸条件調査」対象組合の年間総実労働時間は、2007年度は2064時間と、目標とは大きな乖離があるばかりでなく、長時間労働が恒常化傾向にある。

　長時間労働の是正は、ワーク・ライフ・バランスの実現のみならず、過重労働による過労死等の予防やメンタルヘルス対策の観点からも重要である。このため、長時間労働の是正、年間総実労働時間を短縮するための実効ある施策について労使協議を行う。

* 時間外労働の削減に向けて、36協定における特別条項の厳格な運用も含めて、労働時間管理の徹底を図る。
* 年次有給休暇の付与日数増・取得促進、長期休暇制度の導入など、総実労働時間短縮のための具体的な施策に取り込む。
* 休日増、1日の労働時間短縮などによって、所定労働時間1800時間台の実現を図る。
* 時間外労働割増率引き上げ要求は、連合の共闘方針に沿って取り組む。
* 時間外労働割増率引き上げの継続協議は、法律改正の動向なども勘案し産別方針に基づき取り組む。

第3　Work Frame の配分

　第3のWork Frameの配分であるが、各人の業務の分担領域（Frame）を右図のように正規と非正規で分かち合うことによって、正規は浮いた時間を技術・技能向上、業務の創造、改革に向け、日本の経営・経済の一層の強化を図ることができる。同時に非正規の雇用の安定を進める。

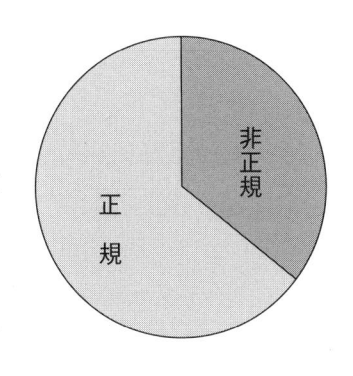

Ⅲ. 新時代に向けて労使のとるべき行動11カ条

　以上のごとき、ワークシェアリングをベースにしたワークライフバランスを進めるには、労使で賃金体系、人材政策のすべての面で、積極的行動を取ることが求められる。**図表6**で整理するごとくである。すなわち、ワークシェアリング、ワークライフバランスを効果あらしめるためには、併せて賃金体系の整備による定昇制度の確立と、運用、能力主義、実力主義、加点主義、成果主義などを適切に絡み合わせた、人材政策の推進を通じて、労働者のMIND高揚が不可欠である。

第2章 ワークライフバランス・ワークシェアリング

図表6　21世紀に向けて労使がとるべき人材政策の全体像

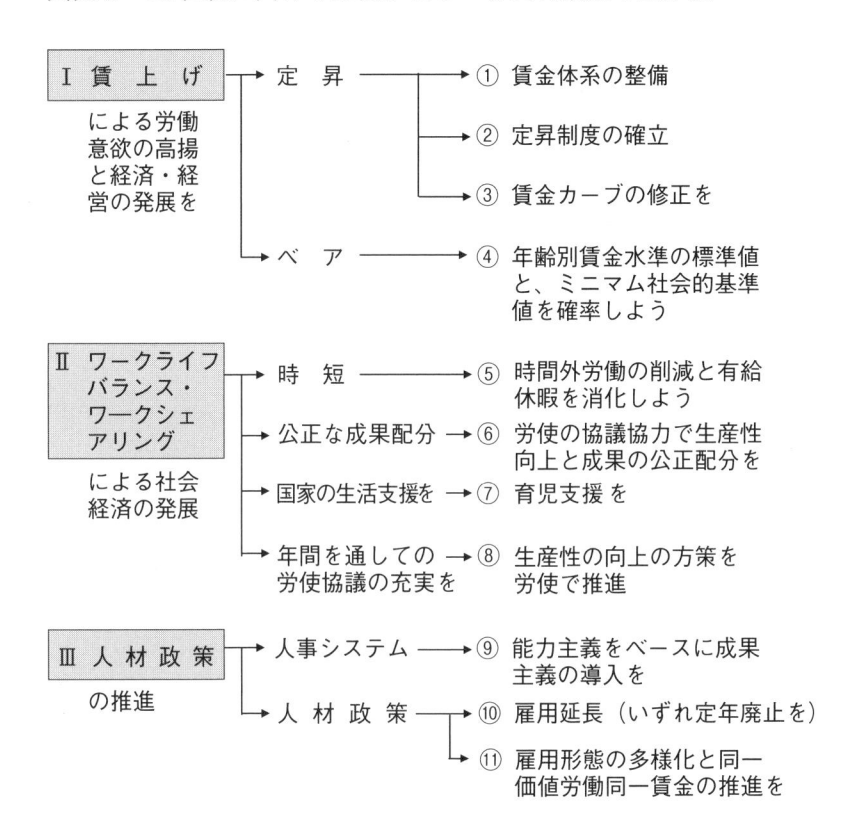

- **Ⅰ 賃上げ** による労働意欲の高揚と経済・経営の発展を
  - 定昇
    - ① 賃金体系の整備
    - ② 定昇制度の確立
    - ③ 賃金カーブの修正を
  - ベア
    - ④ 年齢別賃金水準の標準値と、ミニマム社会的基準値を確率しよう

- **Ⅱ ワークライフバランス・ワークシェアリング** による社会経済の発展
  - 時短 → ⑤ 時間外労働の削減と有給休暇を消化しよう
  - 公正な成果配分 → ⑥ 労使の協議協力で生産性向上と成果の公正配分を
  - 国家の生活支援を → ⑦ 育児支援を
  - 年間を通しての労使協議の充実を → ⑧ 生産性の向上の方策を労使で推進

- **Ⅲ 人材政策** の推進
  - 人事システム → ⑨ 能力主義をベースに成果主義の導入を
  - 人材政策 → ⑩ 雇用延長（いずれ定年廃止を）
    - ⑪ 雇用形態の多様化と同一価値労働同一賃金の推進を

第3章
chapter 3

人材システム
（能力主義・実力主義）

日本賃金研究センター
主任アドバイザー　野原　茂

I 分け隔てのない人材育成（能力主義）
―人間の価値は皆同じ

1 人材育成の理念

　"企業は人なり"とはよく言われるが、この言葉は人間性の尊重を知ってはじめて本当のものとなる。人間性の尊重というものを、真に理解することがなければこの言葉は空しい。

　そこで人間性の尊重は、まず「人間の価値は皆同じ」という考え方を基本に、社員一人ひとりの能力を最大限に開発していくことが根幹となる。すなわち社員を単に雇い仕事に就ける存在ではなく、つまり企業の価値を高めるうえで必要な人的資源（Human Resource）と考えることにある。

　これらの考えは、人件費は固定費から変動費へと主張する"社員コスト論"（Human Capital）とは対極にあると言ってよい。そこでは人間が技術や技能に依存し、モノとして扱われるような、危機感さえある。人間が自己を失って技術的、道具的で、収益マシーンとしての機械やモノのようになってしまった。単純労働や効率主義による人間性の疎外である。

　組織は単に勝ち、負けだけの市場原理主義ではなく、そこは人間形成の場でもある。人材に無意味な競争をさせて個人を追い込み、お互いの関係を悪くすることで大切な人材を消耗させることはない。わが国の組織は、単なる生活の手段ではなく、また単なる個人の集合体でもない。アイデンティティを持ち、相互に学習し合ってキャリアや人格を形成する場となっている。

　組織活動の原点はいわずもがなだが事業活動であって、人を競わせ人間の優劣を競う場であってはならない。

第3章 人材システム（能力主義・実力主義）

また、人間性の尊重には「人間の現状は過去の環境の運、不運による」の考え方もある。

これは一人ひとりが過去の事実を、どのような意味を持ったものにするかは、現在の、またこれからの問題であり、今後の可能性ということになれば、生きていくそのときどきの各人の道の選び方や決断、それに意思的な努力によって大きく変わりうる。

「企業は人なり」の人材マネジメントで人を育成し活用していくうえでは、お互いの信頼関係を重視しながら、人間の可能性を考える人材政策こそ強化されるべきである。

能力主義の人事は、真に一人ひとりの意思と適性そして能力を見つめ、その能力を最大限に開発・活用して、公平かつ積極的に処遇していくということにある。

(1) 社員満足が先決

企業経営にとって顧客満足を得ることが大切であることはいうまでもないが、そのためには下図で見るように社員満足がまず前提となる。社員が不満の状態では顧客を満足させることはできない。社員満足があってこそ顧客満足は確実なものとなり、顧客満足が高ければ当然ながら経営の満足もえられ、それが引いては社会満足につながる。その社員満足は、自分をしっかり育ててかつ公平に活用しながら公正な処遇もしてくれる。そうすることで幸せな人生も実現できるという企業に対する期待感、信頼感から実現されていくのである。

このように人間性の尊重を基本とした人的資源管理論（HRM）から社員満足が生まれ、経営の発展をもたらすことになる。

| 社員満足 | が第一で | 顧客満足 | と | 経営満足 | そして | 社会満足 | が実現できる。

企業が生み出す成果（付加価値）の原点に位置するのは人である。

企業が顧客満足や株主満足を高めるためには、あらゆる経営資源を総動員して社員の働きがいを実現する人材政策が求められる。結局のところ社員の成長を通じて、仕事のやり方を考えながら企業のブランド力を向上させ、ミッションとビジョンを実現することができる。

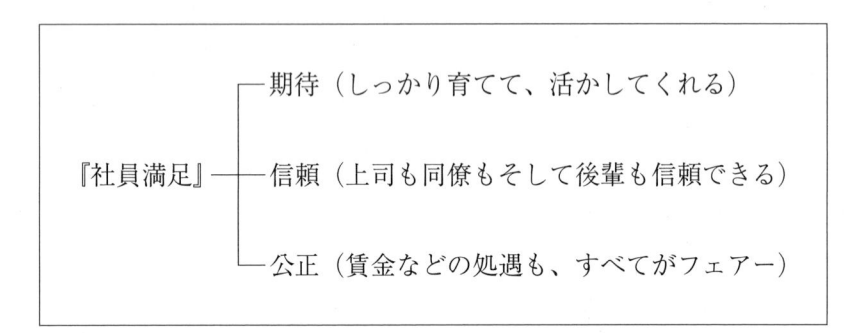

```
                ┌── 期待（しっかり育てて、活かしてくれる）
                │
『社員満足』 ──┼── 信頼（上司も同僚もそして後輩も信頼できる）
                │
                └── 公正（賃金などの処遇も、すべてがフェアー）
```

企業は株主のためにあるのか、社員のためにあるのか、といったこれまで曖昧模糊としてすまされていたことが、いやがうえにもクローズアップされる時代となった。

誰のためにあるのかと同時に、何のためにあるのかという企業存続のための本質的な議論の答えを、これからの企業はいつでも明確に応えられなくてはならない。

(2) **人事管理の理念（3要素の成長・高位・均衡）**

人事が取り扱う素材は3つある。それは**図表1**で見るように人（能力）と組織（仕事）と処遇（賃金）である。この3つを成長させながら高いレベルで均衡させることが人事の理念である。能力が10あるのに仕事が7そして賃金が8では、能力が有効に活用されていないし処遇も公平ではない。この3つが一致していれば不満もないし無駄もない。

ところで、この人と賃金の成長・高位・均衡を図る時、人間を基準

とする人事・賃金システムと仕事を基準とする人事・賃金システムがある。人間基準の人事・賃金を日本モデルといい、仕事基準の人事・賃金をアメリカモデルという。

　人間基準の場合、人間の価値はその人が身につけている可能性、つまり能力である。そこでこの人間基準の人事・賃金のあり方を能力主義という。

図表１　人事が扱う３つの要素

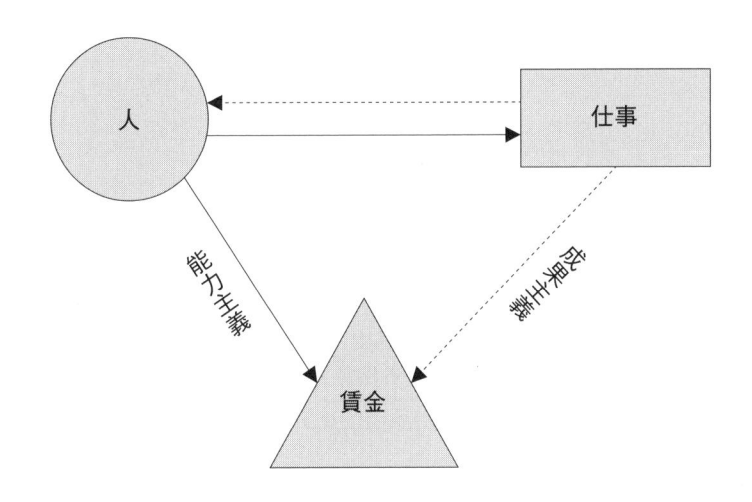

（図：人、仕事、賃金の三要素を示す図。人→賃金の実線に「能力主義」、仕事→賃金の点線に「成果主義」）

2 人材育成の手法

　一人ひとりの能力を最大限に開発し活用していくのが能力主義にほかならない。

　図表２で見るように、日本モデルは労働基準（仕事）の仕事人採用ではなく労働力基準（人間）の社員採用である。したがって組織構成員の人材育成が人的資源管理の主要な領域となる。

　人は誰しも、自信を持つことで将来への夢や希望をもつことができ、前向きな方向へと動き出すが、それは一朝一夕に身につくもので

はない。将来に向かってどう生きるのか、考えながら働ける環境を作り、その実現に向け社員とともに夢や希望を語り、社員が憧れを抱く生き方を組織がどこまで貫いていけるかが今、問われている。

　これからわが国は構造的に人材不足の時代に入る。

　そこでは全員（少数）精鋭主義でなければならない。一人ひとりが考え方を変え、能力を高めそして行動化せねばならない。そうすることで経営力は高まる。人の成長を通じて企業も成長するという考えである。社員の成長なくして企業の成長はない。そのためには明日を創造する人材を育成し活用する能力主義の確立が必要で、その柱となるのが職能資格制度である。

図表2　日本モデルとアメリカモデルの違い

日本モデル （能力主義）	労働力基準：社員採用、人材育成、人が仕事を創る 思いやりと平等連帯、定昇あり	愛は正義
アメリカモデル （成果主義）	労働基準：仕事人採用、人財活用、仕事に人を就ける格差と競争、定昇なし	力は正義

(1)　**期待像を軸とした人材育成・活用主義**

　能力主義の能力とは、あくまでも企業の期待する職能・人材像に他ならない。それは一般的、全人格的能力ではない。つまりわが社の社員はこのような能力を身につけてもらいたいという企業の期待能力像となる。

　そこで**図表3**で見るように、まずこの期待像を明確にせねばならない。その期待像は社員からすれば目標像となる。これを明確にしてから、これを基準として評価が行われる。これが絶対考課ということになる。そしてその評価結果を本人に伝えて、どこをどうすればよいのか、その問題点をなくすためには今後何が必要であるか、どのような

行動をとればよいのかを上司と部下が十分に話し合う、これがフィードバックである。

このフィードバックを通じて本人は期待像に向けチャレンジする。上司はそれを支援することで部下の成長が進むことになる。このように本人の期待像に対するレベルアップを受けて本人のステイタスも賃金も上がっていくことになる。

このように人事管理の4大イベントである評価、育成、活用そして処遇は期待像を軸として、しかもそれは連動して行われる。期待像を示さなければ4大イベントはバラバラとなり、納得性、公平性、そして効率性もえられないものとなる。

図表3　期待像を軸とした人材育成主義

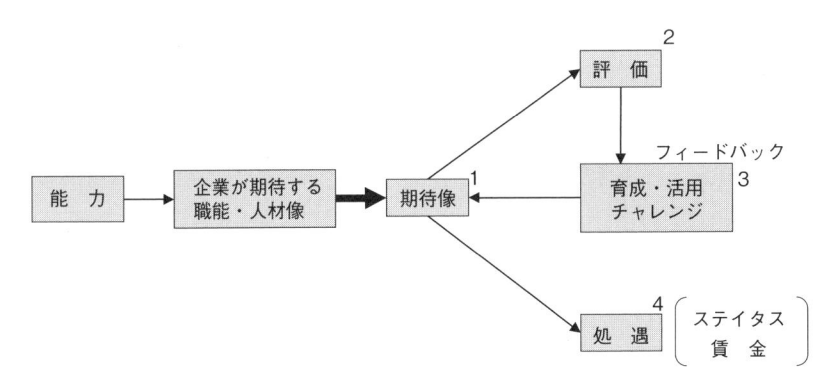

```
                                      ┌─評価─┐2
                                     ↗       ↓
                                    /    フィードバック
  ┌─能力─┐→┌企業が期待する┐→┌期待像┐1  ┌育成・活用┐3
  │      │  │職能・人材像  │  │      │←─┤チャレンジ│
  └──────┘  └──────────────┘  └──────┘    └──────────┘
                                     ↘
                                      └─処遇─┘4 ┌ステイタス┐
                                                  │賃　金    │
                                                  └──────────┘
```

(2) 職能資格等級フレーム

職能資格制度は、学歴や性別や勤続などの年功要素が入り込む余地はまったくないし、また単なる身分制度でもなく、それは社員のキャリア、つまり職務遂行能力の発展段階に応じたグレードである。社員の『職能』の発展段階に応じて適切な資格を設け、それをベースとしてより効果的な能力の開発、活用、そして公正な処遇を行おうとするもので、その明確な基準の中で納得性と活性化を図る。

そのためには職能資格制度がそのような役割を果たすためのフレームが必要となる。

　職能資格等級のフレームは**図表4**で見るような内容を基本的に具備していることが要件となる。具体的には、等級の数、資格等級の定義、経験年数、初任格付等級の設定そして対応職位の設定などでなるが、いずれが不備であっても職能資格等級は機能を発揮することはできない。

　今、企業に求められているのは分け隔てのない人材育成であり、キャリアの未来を示せない企業に社員はいつかないし組織の活力も生まれない。

(3) **職能資格制度の現状**

　職能資格制度はキャリア形成のプログラムを明示した人材育成のラダーであり、求められる修得、習熟を積めば昇格する。仕事の中での

図表4　職能資格等級フレーム

等級		定　義	経験年数	昇格基準	初任格付	対応職位
管理専門職能	M9級	統率・開発業務	—		—	部　　長
	8	上級管理・企画業務	⑥	（実　績）	—	次　　長
	7	管理・企画業務	3〜⑤		—	課　　長
				◀ 登用試験		
中間指導職能	S6級	企画・監督業務	3〜⑤		—	係　　長
	5	判断指導業務	3〜④〜10	（能　力）	—	班長主任
	4	判断業務	2〜③〜8	◀ 昇任試験	—	上級係員
一般職能	J3級	判断定型業務	2〜③〜5		大　卒	中級係員
	2	熟練定型業務	2	（勤　続）	短大卒	一般係員
	1	定型・補助業務	2		高　卒	初級係員

経験(習熟)を尊重することで、そこから社員満足が生まれ、ひいては経営満足につながる。

すなわち人材育成と社員満足そして経営満足を促進する基軸となるシステムが職能資格制度で、そこにこの制度の意義がある。しかし職能資格制度が年功的だとしてこれをとりやめる企業があるが、そこには職務調査も実施しないで期待像(職能要件)を明示していないケースが少なくない。

また職能要件があってもそれを見すえての評価、つまり昇格のための価値判断が適切に行われていないケースも多い。これでは本来の職能資格制度の主旨は活かされない。

このくらいの人員を昇格させようとか、今の資格になってから何年経過したから推薦しようといった考えや、現在の厳しい環境では、昇格は人件費の上昇をもたらすので見送るなどの運用では困る。職能資格制度の持つ機能、そこでの職能資格の権威を経営戦略に適した形に戻すためには、制度面の点検をはじめ不可欠な職能要件の確立はもちろんのことだが、それ以上に上司の評価スキルの向上も必要となる。

【職能要件書(等級基準)】

	習熟要件(仕事を覚えて下さい)	修得要件(勉強して下さい)
人事4級	どんな仕事(課業)をどれくらいこなすことが期待されるかの明細	どんな勉強をすることが期待されるかの明細

(4) 職能資格制度の純化そして進化さらには分化の方向

企業を取り巻く環境は激変している。労働市場の変革、雇用形態の多様化など企業を取り巻く環境は大きく変化しているが職能資格制度が持つ本質的機能は決して見失ってはならない。しかし、わが社の現状や経営戦略から見て適合できなくなったところはリニューアルして

職能資格制度を有効に活用することが求められる。それが、次に述べる純化、進化そして分化である（**図表5参照**）。

①職能資格制度の純化による機能の発揮〜等級基準の明確化

　変化の激しい今日、先取りを確実にできる人材の育成は待ったなしであり、しかもそれは横並びでないわが社独自の経営戦略から考える必要な人材であり、その人材はわが社で育てねばならず、その人材を外部に求めることはできない。社員一人ひとりの行動の統合が企業力であり、そのためには一人ひとりの能力を高め全員を精鋭としなければならない。職能資格制度の現状でも述べたが期待像（等級基準）を明確化し、本来の機能を発揮させるのが純化である。

②職能資格制度の能力と実力による進化〜実力概念の導入

　企業環境は絶えず変化しており、それに対応するためには職務内容も臨機応変でなければならず、そのための柔軟な人材戦略が必要となる。高齢化、構造変革などが進む中で社員としての蓄積能力と現に成果を上げえる時価能力つまり実力のミスマッチの問題がある。すなわち累積された能力は高いが、実力はそれに伴わない。

　そこで、今後は降格のない能力と降級のある実力をミックスした人材システムが求められてくる。これが進化としての意義を持つ職能別実力等級制度である。

③専門職種に対応した職能資格制度の分化〜職種概念の導入

　従来、企業は変わらないが社内異動で職種は変わった。しかし今後、専門化が進む中で職種は変わらないが企業は変わるあり方に人の意識も労働市場も徐々に変化していくこととなり、それに伴い賃金なども職種別に決めていくことが求められる。

　そこで、今後は企業の枠を超えた外部労働市場に適用でき、業種別に設定されていくという横断的なものとなる。とくにこれは病院、学校などの専門職種には対応できる。これが分化としての職種別実力等級制度である。

図表5　職能資格制度のリニューアル

		職能資格制度	職能別実力等級制度	職種別実力等級制度
		純　化	進　化	分　化
M	9	Hi-Skill	Ⅶ	Ⅶ
	8		Ⅵ	Ⅵ
	7			
S	6	Skill	Ⅴ	Ⅴ
	5		Ⅳ	Ⅳ
	4	Semi-Skill	Ⅲ	Ⅲ
	3		Ⅱ	Ⅱ
J	2	First-Skill	Ⅰ	Ⅰ
	1			

3 育成型絶対考課

　能力主義での人事考課は、育成型の絶対考課でなければならないがそれが依然として査定型の相対考課である。これでは真に能力を開発することはできない。誰でもみな同じという考えに立つから、人事考課も人間比較の相対考課となってくる。

　これでは真に一人ひとりを伸ばし活かすことはできない。誰がよい、誰が悪いといった人と人との優劣を論じるのではなく、すでに述べたように人材育成のための基準に対して、その評価結果を本人にフィードバックし、どこは十分で、どこがまだ足りないのか、その足りないところはどう直していかねばならないのかを一人ひとりと話し合っていくことが何よりも必要となる。これこそが育成型絶対考課なのである。

　ところで人事考課は評価と査定の機能がある。評価は事実の把握と分析であり、それは人材開発をねらいとする。具体的にはOJT（on-the-job training）やOff-JT（off-the-job training）、そしてSD（self

-development）などの人材育成と職務改善であり、それは現場の上司による個別管理の中で展開される。一方、査定も大切である。努力する人もしない人も処遇が同じでは不公平である。この査定は現場上司の評価をもとに人事部門で一定のルールのもとに点数化して相対区分と絶対区分で処理を行うことで公平処遇が実現する。

このように、絶対考課は人材育成や職務改善の機能と処遇などの限られた資源をその貢献度に応じて分配しさらなる貢献への意欲を高める機能の2つを持っていることを忘れてはならない。

それでは、人事考課が絶対考課であるための要件について述べる。

(1) 基準の明確化

まず、社員一人ひとりを見つめての評価となれば、そこには基準が必要となる。それは企業が期待し、求める職能・人材像である。職能資格制度を入れ、職務調査を実施して、例えば、人事の4級であれば、このような能力を身につけてもらいたい、このような仕事をこれぐらいは、やれるようになってもらいたいという基準、それが職種別習熟度別職能要件（等級基準とも呼ぶ）である。

さらに現実の基準としては、原則的、標準的な職能要件をベースとしながらも実際にはその時、その人に合わせた期待像に置き換えていかねばならない。なぜなら人事の4級には入社以来人事部門に所属していた人、また、今までは営業部門に所属していたがキャリア・パスのため人事部門に配転になった人もいる。この時、この2人を同じ人事4級の等級基準で評価、育成することは適切ではない。そこで、そのつど、個人別への置き換え作業が必要となる。この個人別期待像を役割基準と呼び、置き換え作業の場を目標面接という。

期待像 ｛ 等級基準（職能要件）＝職種別等級別の期待能力像

役割基準＝そのつど、個人別に設定される期待役割像

仕事人採用の場合、職務を標準化し難易度を評価するなど職務をきちんと決めて、仕事に人を付けるが、社員採用のわが国では、そのつど現場において上司と部下との目標面接によって設定されていく。まさに人が仕事を創るのである。

(2) **フィードバックシステム**

絶対考課であるためには評価結果を本人にフィードバックし、OJTやOff-JTなどの能力開発、さらには配置や職務改善などに積極的に活用しなければならない。そのためには日常の職務活動をしっかり把握し、それに基づいて職務の遂行を評価する。さらにそれを媒体にして能力の分析評価をすることになる。イメージや漠然としたものでの評価は、これをフィードバックできない。上司にとって日常の部下掌握がきわめて重要となる。

基準を明らかにし、日常の職務活動に現れた事実をもとに評価を行い（これをファクト、ファインディングという）、そしてその分析結果を育成や職務改善などにフィードバックする、このことが絶対考課は、"健康診断型考課" といわれるゆえんなのである。

(3) **考課者訓練の実施**

比較する相対考課は簡単で誰にでもできる。したがって相対考課であれば考課者訓練は必要でない。先述したように絶対考課は、基準を用意し、その基準について考課者が十分に理解し、部下の日常の職務活動をつぶさに観察し、分析評価を行い、フィードバックへとつなげねばならないから、決してなまやさしいものではない。これら一連の流れはマネジメントそのものであり、その意味で考課者訓練は管理者の基礎研修となる。

面接者訓練、評価者訓練が定期的に、少なくとも年1回は行われることが必要となる。

(4) **公平処遇への結びつけ（評価と査定の分離）**

処遇も大切である。努力する人も、そうでない人も査定が同じでは

不公平となる。この処遇は、現場上司が行った絶対考課の結果を基に一定のルールによって人事部門で査定する。したがって評価の結果は、人事当局に提出され、必要な計量化や加工修正が行われ、さらに相対区分と絶対区分で処理されて処遇(昇格、昇給、賞与など)に結びつけられる。

II 個を尊重(人間の価値観は一人ひとり皆異なる)しての人材活用(実力主義、加点主義)

1 能力主義と成果主義を調和させる接点は実力主義と加点主義

　これまでは人材育成の能力主義だけでもよかったが、これからは人材の活用をねらいとする実力主義の導入は避けて通れない。成果主義は「何をやったか」ではなく「何をやるか」といった成果を生み出すためのものである。その成果主義も能力があってのことであり社員が蓄積した能力をより効率的に活用するための施策でなければならない。

　構造改革が進むにつれ、過去、身につけた能力の陳腐化が進む中では、現在何がどれだけできるかの時価能力、つまり実力が重要となる。

　人材を最大限に活用するのであれば、一人ひとりの意思と適性を最大限に尊重し、しっかりと育成していかねばならない。そのうえで活用しその者の生涯労働をより豊かなものとすることが不可欠となる。人材が不足してくるこれからの時代、かつ経営の高度化、専門化さらには、より個性化、多様化が進むこれからにあっては、そのような人事理念なくして経営を発展させることは難しい。つまり個性を尊重した加点主義への転換が求められてくる。

企業や社会とは何か、個人とは何か、どうしてもゆずれない価値は何か、いかに経営を行うか、社員同士の関わり方はどうあるべきかなどが重要になってくる。

経済のグローバル化が進み競争が激しくなる現在、誰もが価値観や倫理の問題に真正面から取り組まねばならない。

2 実力主義

能力(社員としての蓄積能力)と実力(現に成果を上げえる行動力)は必ずしも一致しない。技術の高度化や構造変革が進む中にあって蓄積された能力も陳腐化し現実への対応ができなくなる。また高齢化で気力や体力の低下も否めない。となると入社以来本人が身につけた能力も現実の職務に発揮することが難しくなる。

また行動特性の劣化もある。行動特性が劣化していけば、今まで蓄積した能力を現に発揮することもできなくなる。下図で見るように、能力は身につけているもので"〜ができる"だが、実力は実証的なもので"〜している"である。

能力：〜ができる(competence)—どんな能力を身につけているか
実力：〜している(competency)—高成果実現のためにどんな行動をとっているか

先述したように能力は高くても、実力が伴わないこともある。そこでこれから能力は昇格に結びつけるとしても、実際の昇進や配置などはむしろ実力によらざるをえない。

したがって今後人材を活用していくには実力(コンピテンシー)評価をし、実力等級制度を導入して職責と役割を設定していくことが求められる。

(1) 実力(コンピテンシー)評価の進め方

実力評価のためには、まずわが社の期待実力像(コンピテンシーモデル)を明確化しなければならない。コンピテンシーモデルは評価要

素(クラスター)ごとに具体的な行動短文(ディクショナリー)で示されるが、一般的にそのモデルは**図表6**のような方式で作られる。**図表7**は、日本賃金研究センターのコンピテンシーモデルである。

図表6　モデリングの方式

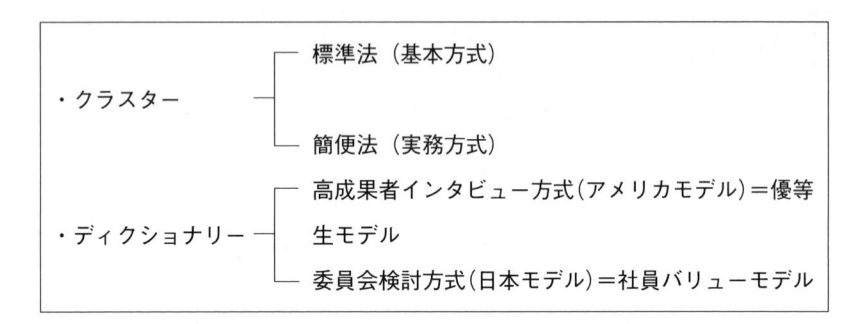

```
・クラスター ─┬─ 標準法(基本方式)
              └─ 簡便法(実務方式)
・ディクショナリー ─┬─ 高成果者インタビュー方式(アメリカモデル)＝優等生モデル
                    └─ 委員会検討方式(日本モデル)＝社員バリューモデル
```

図表7　日本賃金研究センターのコンピテンシーモデル

```
─ 根コンピテンシー (ベーシック～社会人として必要なもの)
─ 幹コンピテンシー (コア～社員共通に求められるもの)
─ 枝コンピテンシー (ファンクショナル～専門性の高い役割に必要なもの)
```

【クラスターとディクショナリーの参考例】
指導力(部下や後輩の育成や、目標に向かって導く行動)
1．指導者たる自覚を持ち、目標達成のために自らが率先するとともに、常に部下、後輩を激励し、目的に向かってリードしている
2．目標達成の重要性や成しとげた時の充実感を十分に説明し、部下、後輩を動機づけ、やる気を起こさせている
3．部下一人ひとりの意思や適性、能力特性を確実に把握し、必要な機会をとらえて日常の指導業務に大いに活用している

第3章　人材システム（能力主義・実力主義）

4．目標面接において、個々人への動機づけや具体的なチャレンジ目標を適切に引き出し、部門目標の達成に寄与している
5．業務上のゆきずまりや悩みが生じた時に、部下からの相談には気軽に応じ、ともに解決策を考えるという行動を必している

次に、評価は参考事例で示したディクショナリーごとに、**図表8**で見るように3段階の尺度で評価される。

図表8　ディクショナリーごとの3段階評価

ディクショナリー	常に該当する	時々該当する	ほとんど該当しない
1．…………〜			
2．…………〜			
3．…………〜			
4．…………〜			
5．…………〜			

さらに上記の評価結果は、次のように点数に置き換えられ得点化される。
・常に該当する「A」…………20点
・時々該当する「B」…………10点
・ほとんど該当しない「C」…0点

そして評価結果については各人ごとに取得点や長所、短所そして今後の啓発課題などが具体的にフィードバックされる。

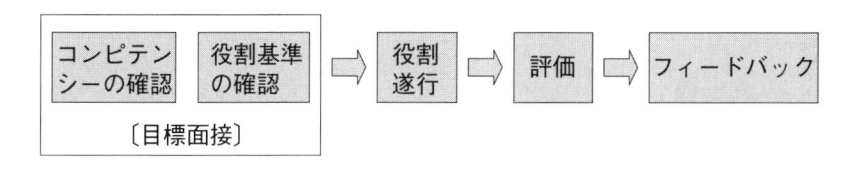

コンピテンシーの確認	役割基準の確認	⇒	役割遂行	⇒	評価	⇒	フィードバック

〔目標面接〕

(2) 実力等級制度の設計

実力（コンピテンシー）評価の結果は、おのおのの取得点で実力等級に格付けされる。

等級の数は、一般的には職能資格制度との関連で、7ランクで設計されるが、各企業においての設計に当たっては企業の実態や政策によって設計することが求められる。

ここでは、クラスターが25要素で、それぞれのクラスターにディクショナリーが5短文ずつ用意されるので全体では125（25×5）の短文となる。以上から

オールA＝2500点（125×20）
オールB＝1250点（125×10）
オールC＝　0点（125×0）

となるので、まずオールBを標準等級にとらえて、次のような点数区分でランキングされる。実力評価が当該等級点数を満たさなければ降職となる。

Ⅶ	2301点〜2500点
Ⅵ	1901点〜2300点
Ⅴ	1401点〜1900点
Ⅳ	1001点〜1400点
Ⅲ	601点〜1000点
Ⅱ	301点〜600点
Ⅰ	0点〜300点

3 加点主義

人事には加点主義と減点主義の両面がある。減点主義とは集団画一主義で、それは組織の論理を個人の論理に優先させる考え方で、個人が組織つまり集団の論理に合わない時は減点される。この場合個人は

第3章　人材システム（能力主義・実力主義）

自己主張がしにくく、結果的に自主性のない弱い個の集団となる。一方、加点主義は社員一人ひとりの自己充足、自己主張を認めながら個を自立させ、そして責任をもって経営に参画させる。

革新、創造の時代といわれるこれからは、一層加点主義の色彩を強めていかざるをえない。個人の自立を促し柔軟な発想から創造的な活動を促し、失敗を責めるのではなく挑戦と創造を高く評価する。自らの自由意志で一歩でも二歩でも前進する姿を褒め称えることが大切である。加点主義のためのシステムには絶対考課をはじめ公募制度、自己申告、目標面接、複線型昇進制度などがあるがこれらの制度がうまく機能するには各人の裁量度が十分でなければならない。

例えば、公募制度には、仕事を明示して人材を公募する組織主導のものと、FA（フリーエージェント）制度などに見られるような自分の意思でやりたい仕事、就きたいポストを求める社員主導のものがある。特にイントラネットを利用しての応募が可能になってきて、従来は組織主導の公募がメインであったが、今日では社員主導のものが多くなってきた。

公募制度は、モチベーションの向上だけでなく、人材の最適配置で組織の活性化にもなる。自己申告制度には進路希望やスキルインベントリーなどの登録制があり、当事者の意見を具申させることによって、適性の発見、自己啓発などの容易化を図ろうとするものである。公募制度も自己申告も社員の人材発掘、人材の適材適所、参画、関与でのオーナーシップなどを通じて、組織の活性化に寄与しながら社員の自主性、満足度の向上となっている。

今後は評価も育成もそして活用も、さらには定年年齢もトップダウンではなく、個人の自発的な選択に配慮した一人ひとりの意思と適性を最大限に尊重していかねばならない。

成果につながるための開花、それを促進するのが能力主義であるが、しかし社員全員が同じ色の花を咲かせたのでは問題である。一人

ひとりが持っている個性を活かし、それぞれが持ち味の色の花を咲かせることが大切であり、これこそ加点主義である。

(1) 目標面接制度

企業に目的と使命のない組織はないし、人生に目的と使命を持っていない人はいない。これからはその目的や使命のことをよく知り合うことなしに、企業の活力は生まれない。一人ひとりの目的や使命と、企業の目的や使命のつなぎ方、それをどう調和させるか、それは経営者や管理者の器と働きいかんである。

一人ひとりの意思を思う存分に能力の開発や仕事の革新、創造に結びつけチャレンジさせるためには目標面接制度が重要となる。等級基準はいわば標準的期待像でありそれをそのまま押しつけるわけにはゆかない。これをやれ、これを勉強せよではなく、何をやりたいか、何を勉強したいかを各人にチャレンジさせ目標を自主的に設定していく目標面接制度があってこそ、職能資格制度は人材成長促進システムとしての機能を果たすことになる。

『知』の創造、それは"対話"であり、チームワークでの情報の共有化である。

いくら電子メールやビデオ会議を通じて密にコミュニケーションを図っても、信頼関係や知識共有の点で直に対面で話し合うことにはかなわない。新たな発想や解決策を導く場合は『場』を共有しながらのほうが優れている。

押し付けのコントロールではなく、社員参画で関与、関心を持たさねばならない。

結果に対する評価の公平性を言う前に、機会の公平性を考えることが先決である。結果は環境の状況で決まり、その中には当然不可抗力という事情もある。これを無視しての結果のみの評価では動機づけ論からしても問題である。また対話を無駄といっているようでは駄目であり、無駄やゆとりの中にこそ思わぬ発見や発想が生まれる。

組織風土を変えることができるのはトップ、管理者の一歩からであり、社員が変わらないと会社は変わらない。それを可能とするのが社員教育とコミュニケーションである。

目標面接制度こそ加点主義人事の要となる。

(2) 複線型昇進制度

複線型昇進制度は、各人の意思と適性に応じてのキャリア形成のプログラムを選択できるシステムである。多能化や専能化といった意思による育成のための人材群、管理職や専門職や専任職といった適性による活用のための職群を導入し、各人の意思と適性で進路を選択させる。そこでまず職能資格制度を確立し、そのうえで昇格と昇進を分離し、さらに昇進は複線化する。職能資格制度には定員はない。

定員によって能力開発の結果、昇格が選別されることは適切ではない。昇進も管理職昇進の単線であれば定員管理となるが、これを複線化することによって、たくさんの人たちに昇進の機会を与えることができる。

これから企業が求める人材も構造変革に伴い高度化かつ多様化するし、社員の価値観も当然ながら多様化する。モノコースでは一握りの人材の働きがいを認めるだけで全員の働きがいにはならない。

一人ひとりの働きがいを可能とするためには異を認めそれを活かすシステムが必要となる。

管理職だけのモノコースでは人材を十分に活かすことにはならないし、革新・創造の時代には生き残れない。専門職としての人材を管理職として位置づけては中途半端な管理職が存在するだけで、それは役割論よりも処遇論的なものとなり結果的に管理職過剰となり、組織機構までもが複雑化する。これでは人材の無駄づかいとなり一人ひとりの働きがいもなく組織の活性化も低い。

人材には管理職向き、専門職向きがあり、それぞれに応じた人材活用とそれがための人材育成が求められる。**第1章総論図表12で見る**

ように、複線型には意思と適性による育成と活用の区分があり、具体的には本人の意思による育成コースとしての人材群と、適性による活用コースとしての職群がある。

　昇格と昇進を分離し、処遇を安定的なものとしたうえで昇進を多様化し、意思と適性に沿って育成と活用をダイナミックに行うシステムとする。企業は人なりといいながら、誰でも皆同じという減点主義では企業の活力は生まれない。その人の強みを育て活用する、これこそ加点主義である。

(3)　アセスメント

　複線型昇進制度を導入し、一人ひとりの意思と適性を尊重したキャリア開発と活用をダイナミックに進めるということになると、今そこにいる人材をあらゆる角度からみつめ、もてる可能性をみいだし、その可能性を育て、最大限に活用することが望まれる。

　人材アセスメントは今もだが、むしろ将来に向けての人材に対する熱き思いをもつ事前評価システムである。事後評価の人事考課との相違は**第１章総論図表５**で見るようにアセスメントは、評価者、評価対象そして評価期間で、それは多面的、総合的そして動態的なものとなる。

　日本賃金研究センター方式の『人材成長アセスメント』は生涯ベースで一人ひとりのキャリア開発と活用を進めるアセスメントということで、その内容は人事記録、人事考課、適性検査、多面評価、自己申告そしてコンピテンシー評価の６つのツールをもとにきめ細かい分析が行われる。

　そして、評価結果はフィードバックされてキャリア形成を確実なものとなるようサポートするアセスメントである（**図表９参照**）。

　職場一人ひとりの能力の統合が企業力となる。一人ひとりが考え方を変え、能力を高め行動していかねばならない。厳しい社会経済環境下での人材の評価そして育成、活用となれば、今そこにいる人材をあ

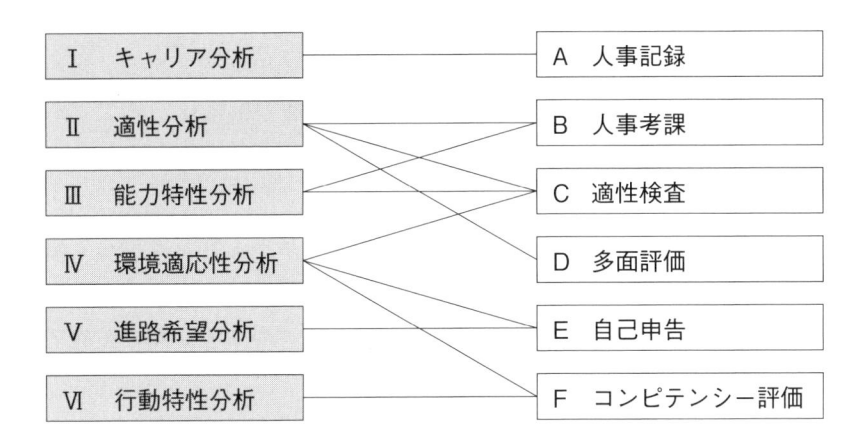

第3章　人材システム（能力主義・実力主義）

図表9　人材アセスメントの考え方と項目

分析項目		評価手法
Ⅰ　キャリア分析	───	A　人事記録
Ⅱ　適性分析		B　人事考課
Ⅲ　能力特性分析		C　適性検査
Ⅳ　環境適応性分析		D　多面評価
Ⅴ　進路希望分析		E　自己申告
Ⅵ　行動特性分析		F　コンピテンシー評価

らゆる角度からみつめ、もてる可能性、つまり長所や持ち味などをみいだし、その可能性を伸ばし、それを最大限に発揮してもらわねばならない。

生涯ベースで人材を育成し、活用していくとなると職務遂行能力といった特定の能力だけにとどまらず、知力、気力、体力そして素質といったすべての面を総合能力として把握できる評価の仕組みが必要となる。

一人ひとりの活力を引き出し、組織の活性化をめざす加点主義を確立するためには、組織としての確固たる姿勢も求められる。人事理念の確立はいうに及ばず、加点主義を受け入れるだけの社風や意識の改革といった組織文化などの形成である。

特にその根底とならねばならないのは人を大切にするという人間性の尊重という人材哲学である。その意味からも、人材の育成と有効活用を目的とする能力主義の整備・強化は不可欠で、企業の競争力を高める上で重要であることはいうまでもない。

各人が進んでノウハウを創出するように、モチベーションを高める

経営スタイルを確立すべきであり、しかしそのことを組織が社員に強制的に求めることは無理で、各人の自主性に頼るしかない。また一人ひとりのノウハウを組織構成員で共有化することも必要である。情報の共有化、そして相互連携を強めるチーム組織の構築は不可欠であり、一人ひとりの強化を前提としながら、そこに異を認めるシステムを用意せねばならない。

　一人ひとりを異能異質の人材としてみつめ、チャレンジと創造で組織の活性化を図る、いわば**図表10**のような生涯労働ベースで人材を最適な形の開発・活用を通じて、豊かな人生をめざすのが加点主義アセスメントである。

　各人は生涯を通じて、自分の価値が高められるような働き方を選択しライフステージの各段階に応じて、仕事（WORK）と生活（LIFE）の調和が図られ、豊かな社会を実現することが大切である。

図表10　生涯ベースの育成と活用アセスメント

ハイエイジ	⑪70歳以上（リタイア後OBアセスメント） ⑩65歳（継続雇用アセスメントⅡ） ⑨60歳（継続雇用アセスメントⅠ）
ハイミドルエイジ	⑧55歳（進路選択アセスメントⅡ） ⑦50歳（進路選択アセスメントⅠ）
ミドルエイジ	⑥45歳（プロモーションアセスメントⅡ） ⑤40歳（プロモーションアセスメントⅠ） ④35歳（実行アセスメント）
ヤングエイジ	③31歳（職群昇進予備アセスメント） ②27歳（配置アセスメント） ①23歳（育成アセスメント）

第4章
chapter 4

支援産業(病院)の これからのあり方

日本賃金研究センター
主任研究員　篠塚　功

Ⅰ. 人生を支援する産業界の人材政策の整備支援

1 人生を支援する産業界における人材政策

　「人材」の質と量の整備、充実を支援するのが人材支援産業であり、国民の健康を支援する「病院や診療所」、国民が安心して老後を迎えられるようにする「介護サービスを提供する施設や事業所」、子供から大人にいたるまでの教育を担う「学校」、情報面で人材の成長を支援する「マスコミ」、日本経済の原点をなす農業を支援する「農協」等が考えられる。

　これらの社会的基盤産業は、不安定な状態にあり、国民は常に自分の将来や健康、子育てに対して不安を抱えていると言っても過言ではなく、これらの現状を打破するためには、人材面での整備支援が重要となる。

　これらの産業における仕事の特徴は専門性がきわめて高く、社会に与える影響も大きいことなどであり、これらを考慮すると、国など大きな立場で、人材政策に取り組む必要があろう。

　そこで、まず、その基本となることが、各専門職の人材ビジョンが、国など公の立場により、職種ごとに明確に示され、そのビジョンをめざして、人材の評価・育成・活用・処遇が行われる人材育成の仕組みの整備である。従来の職能資格制度の等級基準は、会社が違えばみな違うといったインターナルなものであったが、専門性や公益性のきわめて高い、これらの職種においては、組織の枠を超えた、エクスターナルなものに等級基準も設定されていくべきであろう。その前提として、この国の医師とは、どうあるべきか、教員とは、どのような人材であるべきかといった望ましい人材ビジョンを明確に示していく

第4章 支援産業（病院）のこれからのあり方

必要がある。

 すなわち、社会的に高い役割を求められている人材であるからこそ、その役割を十分に果たすことができるようにならなければならない使命を、各人が負うとともに、それを支援していく仕組みづくりは、国の責任においても重要となってくるのではなかろうか。例えば、教育プログラム1つをとっても、専門職の側からとらえる知識や技能だけではなく、顧客である患者や生徒などのニーズも踏まえて、職種ごとに統一したものが作成され、ベースとして示されれば、その本来の役割を果たすことにつながっていくものと考える。

 では、一体、これらの産業の現状はどうなっているのであろうか。特に社会的に大きな問題となっている医療、介護、教育について、その課題とサービスの特徴等についてとらえてみたい。

2 人生を支援する産業界の現状と課題

(1) 人生を支援する産業界の現状と課題

 先述のとおり、これらの産業はきわめて公益性が高く、また社会的に高い役割を求められており、今までは、そこで働く人のモラール（士気）や使命感により、かろうじてその機能、役割を果たしてきたものと考える。しかし、今日では、病院における医師・看護師不足の問題、また、これによる公立病院の閉院の問題等が大きな社会問題となりつつあるし、介護施設等では、介護職員が、努力して介護福祉士の資格を取得したにもかかわらず、低賃金と過重労働の中で、違う産業に移ってしまうといった問題が指摘され、さらに学校においては、不登校児の増加や学級崩壊などの報道も後を絶たない。すなわち、これらの産業は、このように、すぐに課題とすべきことが思い浮かぶような危うい状態となってしまっているのである。

(2) 人生を支援する産業界の仕事とサービスの特徴

 これらの産業の仕事に共通して言えることは、直接人間に関わる仕

事であるということ、また、専門性の高い仕事であり、その仕事に従事するためには国家資格などが求められるということであろう。

なお、これらの産業が提供するサービスは、人が、直接、サービスを利用する人の身体や精神、あるいは社会的な問題にまで踏み込んで行うこと、サービスの内容は、その提供していく工程の中で作り上げられ、商品のように初めから明確にその品質を消費者に提示すること、あるいは保証することが難しいものであること、等の特徴を有する。

さらに、専門性が高いゆえに、サービスを提供する側と受け手との間には、大きな情報の非対称性が存在する。例えば、病院のサービスである医療は、医療を提供する医療者と医療を受ける患者や家族との間に、医療に関する情報量において格段の差があることはいうまでもない。

伝統的な経済学でいえば、生産者と労働者は経済行動上、同質の情報を保有していることを前提とする議論が中心であった。しかし、2001年にアメリカの3人の教授が「非対象情報論」を経済理論に持ち込み、ノーベル経済学賞を受賞してからは、むしろ非対象な情報をもって経済行動をすることが一般的であるといわれている。そして、カリフォルニア大バークレー校のジョージ・アカロフ教授は中古車市場を例に、品質について、売り手と買い手との間に、情報に非対称性があることから、品質の悪い製品が先に流通するという「レモン（俗語で劣悪品）の原理」を展開した。これらが発表された後、日本でも、牛肉偽装事件や耐震偽装問題などさまざまな劣悪品が世の中に出回り、この原理が実証されたことは記憶に新しいことである。

(3) **第三者評価の必要性と限界**

これらの産業のサービスの特徴や情報の非対称性ということを念頭に置けば、病院、介護施設、学校のサービスは劣悪品が流通するリスクをはらんでいるともいえるのではないだろうか。確かに火災などを

契機に、高齢者のグループホームの劣悪な環境やサービスの実態が公になることもある。

しかし、これらの産業で働くほとんどの職員は、「レモンの原理」のような経済市場主義を背景とした経済行動とは関係なく、提供するサービスの質は、その社会的使命により、専門職自らの内在する課題としてとらえ、常に高いサービスをめざしてきたといえるだろう。また、このようなリスクを回避すること、利用者からの信頼をえることを基本に、各産業界において、第三者評価機関を立ち上げ、定期的な第三者評価が推進されつつある。

代表的なものは、1997年から病院機能評価を実施している「財団法人日本医療機能評価機構」があるが、大学の評価であれば、「財団法人日本高等教育評価機構」、専門学校であれば、「特定非営利活動法人私立専門学校等評価研究機構」、介護施設等の福祉サービスに対しては、都道府県ごとに「福祉サービス第三者評価推進機構」が設置されている。

なお、これらの評価における共通の評価要素としてあげられているものは、組織運営が円滑に行われる体制であるか否かの評価と、職員の人材育成の仕組みがあるかということであろう。ちなみに、病院職員の人材育成や意欲の向上にかかわる病院機能評価項目と、人材政策上でのチェックの視点を付記した表を添付したので、ご参照されたい**（図表1参照）**。

専門能力を高めなければ、サービスの質を上げることはできないということは、専門職は十分認識してきたことではあるが、その反面、組織としての体制は脆弱であったといわざるをえない。これらの産業の多くの組織では、人事考課なども行われず、賃金規程も国家公務員の賃金表に準拠するか、存在すらしないという状況が長く続いてきたものと推察する。現在、外部の中立的な第三者評価において、これらの項目を評価項目に入れ、ようやく人材政策の重要性を喚起し始めた

図表1　病院機能評価における人事制度関連項目（Ver6.0）

評価項目	人事制度としてのチェックの視点
1.1.1 理念および基本方針が確立されている	理念の中に、職員に関することが書かれているか。「職員への敬意や信頼」に関して、理念に表すべきではないか。
1.2.1 病院管理者・幹部は病院運営に対してリーダーシップを発揮している	職員の労働意欲を高める組織運営をしているか。例えば、目標意識や経営参画意識を持たせるような仕組みを導入しているか。
1.2.2 組織運営が計画的になされている	組織運営が計画的でなく、突然大きな計画が持ち上がったり消えたりして、職員を振り回していないか。
1.3.1 病院は組織規程に基づいて運営されている	指揮命令系統が明確な組織図があり、それに沿って指揮命令が行われ、職員が働きやすい組織形態となっているか。
1.3.2 病院の組織が効果的に運営されている	病院執行部の決定事項が全職員に伝達されているか。組織運営の効率を考慮した業務分担と連携が考えられているか。
1.5.1 職員を対象とした教育・研修が実施されている	全職員を対象とした教育・研修が計画的に行われているか。外部の研修会等への参加の機会は公平に与えられているか。
4.1.1 診療部門の体制が確立している	業務量に見合った医師が配置されているか。医師の採用基準・手順が定められているか。
4.1.2 診療業務の質改善に取り組んでいる	医師個別の能力が把握され評価されているか。院内外の勉強会や学会・研修会へ参加させているか。
4.2.1 看護部門の体制が確立している	業務量に見合った看護職員が配置されているか。専門・認定看護師などが適切に配置されているか。
4.2.2 看護部門が適切に運営されている	看護部門の目標が設定され、看護職員へ周知されているか。目標から活動に降ろされ、達成度を評価し改善しているか。
4.2.3 看護業務にかかわる看護職員の能力開発に努めている。	看護部門の職員の能力評価の基準や手順が定められているか。院内外の勉強会や学会・研修会へ参加させているか。
4.3.5 薬剤業務の質改善に取り組んでいる	薬剤業務に関わる職員の能力開発に努めているか。院内外の勉強会や学会・研修会へ参加させているか。
5.1.1 病棟における診療・看護の基本方針や目標が明確である	病棟における重点目標を医師・看護師など、その病棟で働くスタッフが共同して設定し、目標に沿って活動しているか。
5.1.2 病棟における医師・看護師の役割と責任体制が明確である	医師・看護師の役割や業務範囲が明確であるか。
6.1.1 人事・労務管理が適切に行われている	就業規則、賃金規程が定められ周知されているか。
6.1.2 職員の人事考課が適切に行われている	全職員に対する人事考課基準があり職員に周知され、人事考課が実施されているか。
6.1.3 職員が安心して働ける労働環境が整備されている	職員の安全が守られているか。職員と管理者とで労働条件等につき話し合う仕組みがあるか。

※4.3.5と同様の評価は、ほとんどの医療専門職に求められているが図では省略。

第4章 支援産業(病院)のこれからのあり方

といったところであろう。

これらの産業において、利用者の信頼をえるうえでも、第三者評価が重要であることは、いうまでもない。あらかじめサービスの質を明確に示すことが難しい性格上、第三者評価機関が、安心して利用できる施設だと認定証を発行し公表することは、利用者がサービスを安心して選択するうえで大切なことであり、第三者評価機関の責任も今後増してくるものと考える。

しかし、これらの第三者評価の限界は、あくまでもその体制、いうなればストラクチャー(構造)を評価するのが中心であり、一人ひとりの専門職の実力を把握することはできないということである。例えば、病院機能評価を例にあげれば、評価調査者(サーベイヤー)は、医師の診断能力や治療技術を、実際に診察行為を見ながら評価するということではなく、病院が、医師の能力開発を行う仕組みを持っているか否かを評価しているにすぎない。

これらの産業は、人材がすべてであることを考えれば、人材育成の仕組みは当然整備されているものと、他産業の方は思われるであろう。しかし、もともと国家資格等で能力や技術が保証されているという感覚が強いこともあり、逆に、他産業と比べ遅れている部分ともいえ、このような、まずはストラクチャーを求める評価であっても、人材政策の整備支援につながっていると考える。

では、これらの産業の人材政策などについて、筆者が長年従事し、現在はコンサルタントとして関わっている病院を例として取り上げ、考察してみよう。

Ⅱ. 病院における人材政策と労働政策および地域の支援

1 病院経営の難しさと医療の公益性

　病院の経営戦略が実行できない理由を整理すれば、**図表2**に箇条書きにしたようになると考える。最後にひとつだけ外部的な要因をあげているが、病院は、「医療の公益性」により経営面で大きな負担を強いられているといえる。

　例えば、最近流行した新型インフルエンザでは、病院でその対応に多くの人を割いたことであろう。感染症の場合、1人の命を救うことが、結果として多くの人の命を救うことになる。これが、医療の公益性ということである。すなわち、医療は患者1人だけを診ているのではなく、将来の患者の発生を防いでもいるのである。また、企業においては、自ら開発した技術を簡単に公にすることはないだろうが、医療の世界においては、新しい医療技術は、学会等を通じて、多くの医師に伝授されていくのである。

　自分たちがお金や時間をかけて考え出した技術は、多くの医療者に分け与えられることによって、さらに多くの人々の幸せへとつながっていくことを願っているからにほかならない。

　さらに、最近増え続けている未収金問題にしても、この医療の公益性に起因しているともいえるであろう。医師法第19条には、「診療に従事する医師は、診察治療の求めがあった場合には、正当な事由がなければ、これを拒んではならない」とある。医師の応招義務が明記された条文であるが、当然、患者がお金を持っていないからといって、診察を拒否することはないのである。

　以上のような病院経営上の課題、さらには、1983年の「医療費亡国

第4章 支援産業（病院）のこれからのあり方

図表2 病院の経営戦略が実行できない理由

1. 病・医院はすべての管理が院長に帰する全権集中型の職能別組織である。
   →実行体制として無理がある（企業の社長が毎日現場に出ているようなもの）。
2. 経営戦略立案において、関係者の関与が薄い。
   →組織の納得感がえられない。
3. 経営戦略が実態に即していないか無理がある。
   →医療安全等においてリスクを伴う。
4. 経営戦略が組織に浸透していない。
   →「みんなでやろうぜ」にならない。
5. 医療の公益性を重視せざるをえない。
   →戦略実行で重要な経営資源の集中ができない。

論」を端に発した、国の医療費抑制策により、今や病院経営は瀕死の状態にある。例えば、毎年、全国公私病院連盟が行っている「平成22年病院運営実態分析調査（**図表3参照**）では、6月1ヵ月分の損益ではあるが、回答のあった病院1,134病院のうち39.4％（447病院）の病院が黒字で、赤字病院数の割合は60.6％（687病院）であった。診療

図表3 赤字病院の割合（2009年病院運営実態分析調査より）

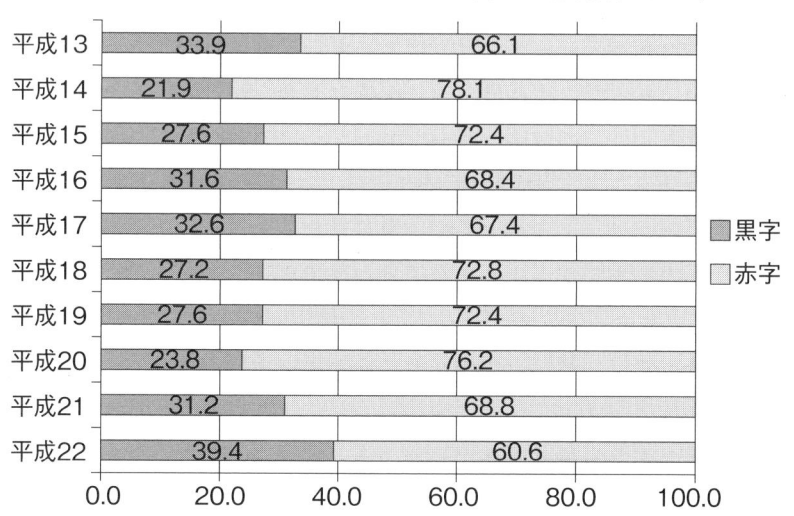

年度	黒字	赤字
平成13	33.9	66.1
平成14	21.9	78.1
平成15	27.6	72.4
平成16	31.6	68.4
平成17	32.6	67.4
平成18	27.2	72.8
平成19	27.6	72.4
平成20	23.8	76.2
平成21	31.2	68.8
平成22	39.4	60.6

報酬の10年ぶりのプラス改定（インターネットで0.19％）もあり、前年より赤字病院の割合は減ってはいるが、自治体病院では、回答のあった584病院のうち、15.0％（87病院）が黒字で、赤字病院が85.0％（492病院）と依然として厳しい状態にある（自治体からの繰入金は除いた数値）。

図表2に戻るが、公益性の問題を除けば、あとは、病院の人材や組織運営に関することである。管理統率力のある多くの人材を中長期的に育成していくことにより、他の問題は十分に病院内部で解決できることである。

医療の公益性や国の医療費抑制策の課題に対しては、国の医療費抑制策の転換を求めざるをえないが、OECD加盟国と比較すると、日本の医療費がかなり低いことを認識しておくべきである（**図表4参照**）。

なお、この統計で分かるように医療費が最も高いのはアメリカである。この国で「患者中心の病院」を築く活動を続けてきた「プラタナス病院グループ（アメリカ・ヨーロッパに約50の病院があり、多くがUSA病院100選に選ばれている）」のスーザン会長が以前に講演で話されていた病院のサービスは、患者一人ひとりに目が行き届く素晴らしいものであった。これは、単に医療にお金をかけているということだけではなく、この病院グループでは、300床の病院で、およそ400名のボランティアが活動し、医療スタッフを支えているということであった。確かに、アメリカの病院を見学すると、高校生くらいの若者から高齢の方まで、さまざまな医療現場でボランティアの人が活動している。

アメリカでは、地域の医療や教育などは、地域のボランティア活動によって支えられているのである。もともとアメリカの病院や学校は、地域の人たちの共同体が必要に応じて設立してきたといった歴史的背景もあり、地域に開かれた施設であるということが、わが国とは

第4章 支援産業（病院）のこれからのあり方

異なるのかもしれないが、これからの医療や教育を充実させていくためには、参考にすべきことであると考える。

図表4　OECD加盟国の医療費の状況（2008年）

国名	総医療費の対GDP比（％）	順位	1人当たり医療費（ドル）	順位	備考	国名	総医療費の対GDP比（％）	順位	1人当たり医療費（ドル）	順位	備考
アメリカ合衆国	16.0	1	7,538	1		イギリス	8.7	17	3,129	16	
フランス	11.2	2	3,696	10		アイルランド	8.7	17	3,793	8	
スイス	10.7	3	4,627	3	＊	ノルウエー	8.5	19	5,003	2	＊
ドイツ	10.5	4	3,737	9		オーストラリア	8.5	19	3,353	15	※
オーストリア	10.5	4	3,970	7		フィンランド	8.4	21	3,008	17	
カナダ	10.4	6	4,079	5	＊	日本	8.1	22	2,729	20	※
ベルギー	10.2	7	3,677	11	＊	スロバキア	7.8	23	1,738	26	
ポルトガル	9.9	8	2,151	23	※	ハンガリー	7.3	24	1,437	27	
オランダ	9.9	8	4,063	6	＊	ルクセンブルク	7.2	25	4,210	4	※
ニュージーランド	9.8	10	2,683	22		チェコ	7.1	26	1,781	25	
デンマーク	9.7	11	3,540	12	※	ポーランド	7.0	27	1,213	28	
ギリシャ	9.7	12	2,687	21	※	チリ	6.9	28	999	29	
スウェーデン	9.4	13	3,470	13		韓国	6.5	29	1,801	24	
アイスランド	9.1	14	3,359	14		トルコ	6.0	30	767	31	※
イタリア	9.1	14	2,870	19		メキシコ	5.9	31	852	30	
スペイン	9.0	16	2,902	18		OECD平均	9.0		3,060		

出典：厚生労働省ホームページ　「OECD HEALTH DATA 2010」
（注1）上記各項目の順位は、OECD加盟国間におけるもの
（注2）※の数値は2007年のデータ（ただし、ポルトガル、ルクセンブルクは2006年のデータ）
（注3）＊の数値は予測値

2 病院人材マネジメントにおける3つの課題

　病院は、いうまでもなく労働集約型の産業であるにもかかわらず、そこで働く人たちの高いモラールに支えられ、賃金制度をはじめとした人材政策や労働政策はほとんど行われてこなかったといっても過言ではない。病院は非営利組織であり、また、高度な専門職で構成され

た組織であることはいうまでもなく、このような「人や組織」をマネジメントすることは、マネジメントの本などにも、非常に難しいと書かれている。そして、これらを正しい方向へと導くために重要なことは、「使命」だといわれている。

病院のような非営利組織をうまく運営していくために必要なことは、最大限の経済的価値を創造する市場経済原理ではなく、病院自らに使命を課すということなのである。このことは、病院マネジメントの3つの課題を示した**図表5**の「病院機能」で必要な要素としてあげた「病院の理念」を確立し、職員に浸透させていくということにつながることである。

図表5　病院人材マネジメントにおける3つの課題

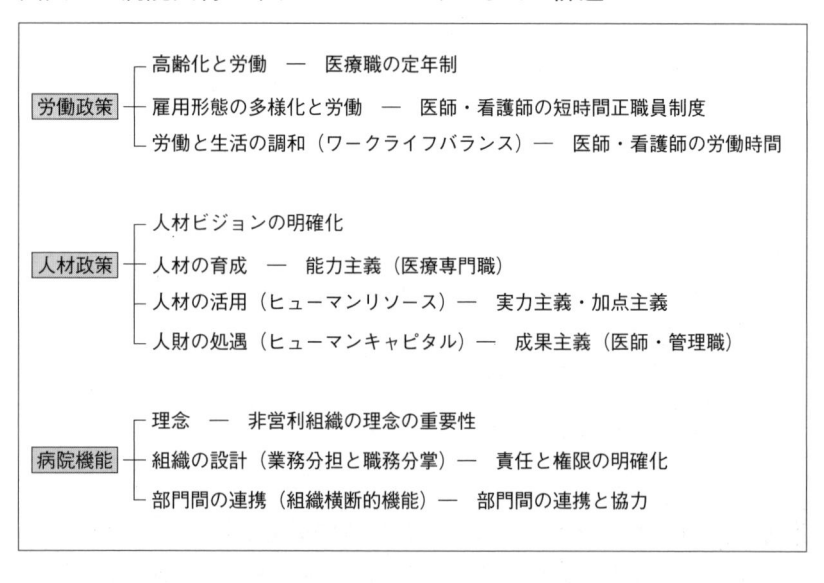

労働政策	高齢化と労働　―　医療職の定年制
	雇用形態の多様化と労働　―　医師・看護師の短時間正職員制度
	労働と生活の調和（ワークライフバランス）　―　医師・看護師の労働時間

人材政策	人材ビジョンの明確化
	人材の育成　―　能力主義（医療専門職）
	人材の活用（ヒューマンリソース）　―　実力主義・加点主義
	人財の処遇（ヒューマンキャピタル）　―　成果主義（医師・管理職）

病院機能	理念　―　非営利組織の理念の重要性
	組織の設計（業務分担と職務分掌）　―　責任と権限の明確化
	部門間の連携（組織横断的機能）　―　部門間の連携と協力

3　病院における労働政策

労働政策には、次の3つの課題が考えられる。それは、①高齢化と

労働、②雇用形態の多様化と労働、③労働と生活の調和（ワークライフバランス）である。

(1) 高齢化と労働

今日、医師不足・看護師不足が叫ばれているが、それでも、医師や看護師などの専門職においても定年制が適用されていることがほとんどであろう。なお、医師については、嘱託という形で賃金を下げて雇用が継続されている病院も少なくはないと考える。

しかし、本当に医師や看護師などに定年制が必要なのであろうか。そもそも、年齢で仕事の終了時期を決めることが、労働政策上妥当なことなのか考えるべきかもしれない。ちなみにアメリカでは、定年制は年齢差別として違法とされている。この高齢化の問題は、団塊の世代を多く抱える企業と異なり、病院では大きな課題とはいえないが、今後、長期的な視野で考えていく必要がある。

また、これからの病院は外来機能を縮小していくことになろう。この部分は、当然、地域の開業医にお願いしていかなければならないが、自院の医師が高齢となった際には、病院が開業支援を行い、高齢の医師にクリニックの院長として診察を継続してもらうといった方策も考えられる。病院にとっては、地域との医療連携を行ううえでメリットがあり、長く働きたいという医師にとっても有効な方策といえるのではないだろうか。

(2) 雇用形態の多様化と労働

病院においても委託や派遣の労働者も働くようになり（医療に関する業務はかなり制限されているが）、非常勤職員の活用も進んでいる。また、労働者側の価値観も多様化しており、自分は1週間に3日間だけ働きたいから、正職員でなくてよいという人もいるだろう。

厚生労働省は2008年3月21日付で、各都道府県知事宛に「病院勤務医の労働環境改善の推進について」という文書を送っている。この中には、「短時間正規雇用医師の活用」ということが書かれているし、

日本看護協会では、看護師の短時間正職員制度の普及に努めている。潜在看護師は55万人とも64万人ともいわれており、高度な専門職は一度職場を完全に離れてしまうと、復帰はきわめて困難であると思われる。医師、看護師等の養成には、税金も使われていることを考えれば、高度な専門職数10万人も専門職としての力を殺いでしまっているのでは、社会的に大きな損失といわざるをえない。

　医師や看護師が子育てで大変な時期は、短時間勤務で正職員とする、そこまでは必要ない場合は、夜勤や当直を免除し、みんなで助け合ってこそ、将来よい職場環境が生まれるのではないだろうか。

　ちなみに、職能資格制度を導入し職群管理をしている病院では、この子育て時期は、総合職群からはずし、賃金は若干下がるが、堂々と昼間の勤務だけを認めているところもある。これにより、子育てを終えたところで、総合職群に戻ってもらい、将来看護師長をめざしてもらうことも考えられる。潜在看護師となるか、看護師長となって病院に貢献するかでは、人材活用という面で大きな違いが生まれてしまうのである。

　これは一例であるが、病院はなかなか物事を中長期的にとらえることができず、労働政策や人材政策のような、効果がすぐに見えないものへの関心が薄い。どうも、2年に1回の診療報酬改定に振り回され、病院運営を中長期的に考えることを諦めているかのようにも見える。しかし、今、元気がある病院は、しっかりと地域に根を張り、人事制度などの内部の体制を整えてきた病院のように思われるのである。

(3) 労働と生活の調和

　日本看護協会の調査では、深夜勤務をこなしながら、月60時間超の時間外労働をする過労死の危険のある看護師が約2万人もいる。しかもサービス残業が横行している状況などもあり日本看護協会は問題視しているのである。また、このようなサービス残業があると、実際の

労働時間を把握することが難しくなり、よけいに改善を遅らせることにもなりかねない。

さらに、労働時間の問題で深刻なのは、医師の長時間労働と宿日直勤務である。2006年8月の厚生労働省の「医師の需給に関する検討会」報告では、医師の週の平均労働時間は66時間とされている。週40時間を所定労働時間とすれば、週に平均26時間の時間外労働を行い、月に4週間としても、この4倍の104時間の時間外労働をしていることになる。

2010年4月から、「労働基準法の一部を改正する法律」が施行され、1ヵ月に60時間を超える時間外労働については、法定割増賃金率が、現行の25％から50％に引き上げられている。また、今までの割増賃金率25％から50％に引き上げた差の25％分の割増賃金については、事業場で労使協定を締結することにより、賃金ではなく有給休暇として付与されることも可能となった。

すなわち、月に104時間の時間外労働であれば、60時間を超えた44時間については、25％の割増分が増えるか、44時間×0.25＝11時間分の有給休暇の取得に代えることができるようになったのである。

ちなみに、従来は有給休暇の時間単位の取得は認められていなかったが、今回の改正により、労使協定を締結すれば、年間5日分を上限に年次有給休暇を時間単位で取得できるようにもなった。この制度を活用することにより、常勤職員の有給休暇の取得促進につなげていくことが期待されている。とくに看護職員は、徐々にではあるが、主婦も増えてきており、時間単位の休暇というのは本来の身体を1日休めるという趣旨とは異なるものの、早急に届出を行い、職員の休暇のとり方の選択肢を増やすことが必要であろう。

なお、医師の宿日直勤務については、2004年に厚生労働省労働基準局が宿日直の許可を出している全国6,600の病院に対し、医師の勤務実態の自主点検を求め、①明確な報告がない、②改善指導に応じない

など、問題が多い596病院を対象に初の全国一斉立ち入り検査を行い、430病院に何らかの法違反を指摘している。

宿日直勤務とは、通常の本来業務はせず、非常事態に備えて待機するような業務であって、常態としてほとんど労働する必要がない勤務とされている。しかし、急性期病院の医師の宿日直勤務は、通常の本来業務と同様の業務が続き、翌日の勤務明けさえないところがほとんどであろう。労働基準法に違反している可能性もあり、テレビなどでも、医師の過酷な労働として報道されているが、長年、常態化してきた中で、病院界においては違法な行為という認識は希薄なものと思われる。これまで当たり前のことのように行われていた勤務体制は、早番、違法行為として厳しく対処されることを想定すると、いち早く、医師においても看護師等と同様な形の交代勤務へと見直す必要があると考える。

ちなみに、内科と外科の医師2人が365日の夜間（1夜間2勤務分）と年間休日の昼の約70日（日曜・祝日等）を通常勤務として労働時間を算出すると、365×2勤務＋70＝800勤務×8時間＝6,400時間となる。つまり、単純にみれば、6,400時間÷1,800時間（年間労働時間）＝3.6人となり、約3〜4人の医師の増員が必要になるわけである。いい換えれば、今まで、これだけの時間が労働時間に計上されていなかったことになるが、このことを、いつまでも黙認している時代ではないということである。

看護師のサービス残業の問題も同じだが、ぜひ、正すべきところは正し、無駄を排除すべきところは排除するといった対策および組織の再設計（機能的な組織にするために、仕事の分業や人材の配置を見直すこと）ということが、これからの病院マネジメントにおいてきわめて重要であるということを、再認識していただきたい。

4 病院における人材政策

(1) 病院人材政策の取り組むべき課題

　人材政策の取り組むべき課題は、次の4つであると考える。それは、「人材ビジョンの明確化」、「人材の育成」、「人材の活用」、「人材の処遇」である。病院は、医師をはじめ、看護師、薬剤師、診療放射線技師、臨床検査技師、理学療法士など多くの有資格者が、患者中心のチーム医療を行っている多専門職能組織といえる。医療の質は、これら専門職の能力の影響を受けることはいうまでもない。したがって、まず基本は、人材育成であり、その前提となるのが、病院における人材ビジョンの明確化である。自院の医師はどうあるべきか、看護師はどうあるべきかを等級ごとに示すことが必要となってくる。そのビジョンをもとに人材を育成していく人事制度として、能力主義が有効であるといえる。

　ここで視点を海外に向けると、一時期、制度疲労に陥ったといわれるイギリスの医療が蘇ったのは、「クリニカルガバナンス」という管理手法によるものといわれている。そして、このクリニカルガバナンスのコンセプトにとって必要不可欠なことが、「継続的専門能力開発プログラムCPD（Continuing Professional Development）」と、個人および組織の学習する文化だそうだ。この手法と現在日本にある管理手法を比較してみると、クリニカルガバナンスは、財団法人日本医療機能評価機構が行っている病院機能評価といえるし、CPDは、1975年から多くの企業に導入されてきた職能資格制度と言えよう。

　病院においても1990年代に聖路加国際病院などが、職能資格制度を導入し、人材育成に役立ててきており、まさに日本の特定の病院においては、イギリスより早い時期に、このような能力開発に取り組んできたともいえるのである。ただし、ここで、イギリスと大きく異なる点は、イギリスの医療は、国営医療サービス（NHS：National Health

Service) であり、ブレア首相の医療改革のもとで、国として専門能力開発を推進してきた点であろう。

このイギリスの例から考えると、病院運営においては、病院機能評価の項目をクリアすることと、能力主義の導入が重要な意味を持ってくると思われるが、病院機能評価はかなり普及しつつあるものの、能力主義を運用している病院は少ないものと思われる。今後、まず人材政策としては、この能力主義の導入を進めることが、きわめて重要なことであると考える。

しかし、たとえ能力が適切に育成されたとしても、その能力が実際に活用されなければ、病院という組織への貢献は少ないものとなるし、能力のある人材は、自己の能力を活用できるような所を求め、外部へ出ていくことが危惧される。すなわち、人材育成の次に、能力が高まった人材を活用する場が必要になるわけである。上司が部下のチャレンジや自己主張を高く評価し、目標面接などにより、個を重んずる加点主義人事を進めていくことが大切であろう。

さらに今後は、人材の処遇として、成果主義も重要な要素を占めると思われ、ある一定の時期までは職員を育成し、能力が備わった職員に適切な仕事を与え、それによって達成された成果をきちんと評価し処遇するといった状態をつくり出すことが、人材政策上、重要なことと言える。

(2) 病院の人事制度における配慮

なお、病院に人事制度を導入するうえで注意すべきことは、職種によってその内容を若干変える必要性があること、仕組みはできるだけシンプルにすること、制度構築に当たっては現場の意見を十分に反映させることなどがあげられる。職種で制度を変える必要性では、例えば、医師についての技術面での能力評価は、内部のものを使うというよりは、外部の学会等において認定資格制度等が充実してきており、これらの活用が求められる。また、医師の技術面においては、従来か

第4章　支援産業（病院）のこれからのあり方

らの「屋根瓦方式」が浸透しており、上が下に技術を伝承していくという役割を等級基準書などに明記して再確認することも必要と考えられる。

逆に、医師も含め専門職の弱点は、管理統率力や折衝力といった能力（精神的習熟度）であるとも思われ、これらの評価、育成を充実させていくことが今後は必要だと思われる。病院在職中不思議に感じていたことは、自分の専門である業務においては、患者さんとも十分なコミュニケーションを取ることができる中堅職員が、病院運営に関する会議などでは、他の職員に必要なことを説明できないといったことである。屋根瓦方式に代表されるように、各専門職は、自分の業務を遂行するうえで必要な技術的なことは、下に伝授していくが、それ以外のなかなか形に表せない精神的習熟度ともいえるような能力は、意識してこなかったゆえに弱いのかもしれない。

なお、これらの評価は、できるだけその能力が顕在化した行動をとらえ、細かく短文で表現し、その短文をチェックしていく方法が、医師や看護師などの専門職には受け入れやすいと考えている。いい換えれば、実力（コンピテンシー）評価である。病院に人事のコンサルで入るとよく分かるが、病院の管理者である院長自らが人事制度構築に関わることはきわめて少ない。それは、人事制度構築への関心が薄いということもあるかもしれないが、かなり多忙をきわめていることにもある。

筆者は、幸いにして、大病院で院長が多くの管理業務を抱えているにもかかわらず、院長自ら人事制度構築にかかわってくれる病院のお手伝いもさせていただいている。しかし、そのように人事制度構築に意欲を示している院長であっても、医師の面接制度や考課者訓練に対しては消極的である。理論的には、重要なことであると理解していても、現実的には、医師の現場に浸透させ運用していくことが難しいと感じているようである。このような場合は、まずは、簡単に職務行動

をチェックし、医師、看護師の強み弱みを把握するような評価シートから始め、目標面接制度の導入は次の段階でもやむをえないだろう。参考までに、医師の管理職のコンピテンシー評価表の例（一部抜粋）を**図表6**に示す。

　これらの評価は、行動短文ごとに、「常に該当する」、「時々該当する」、「ほとんど該当しない」の3段階で評価される。

図表6　医師管理職のコンピテンシー評価項目の例

クラスター （評価要素）	ディクショナリー（行動短文）
判断力	1．病院を取り巻く環境条件の変化や病院内外の人たちの要望や意見を常に考え、それらを部門目標等に反映し、職務を遂行している。
	2．部下からの相談を傾聴し、的確に判断したうえで、指示および支援を行っている。
	3．新聞、医療関係雑誌、学会誌等の情報収集や学会・研修会の参加等、判断力を向上させるための行動をしている。
	4．危機管理を視野に入れ、近い将来発生しうる問題等を予測し、それに対処するための適切な手段等を提言している。
	5．管理職として自ら行うべきことを適切に判断し、そのことに自分の時間を集中させている。
指導力	1．スタッフに任せられる仕事は範囲と責任を明確にしたうえで依頼をし、スタッフがそれをやりとげられるよう適切な指導を行っている。
	2．研修医、シニアレジデントの研修に対して、責任を持って、計画的に取り組んでいる。
	3．スタッフが期待以上の成果を出した時には、他のスタッフの前で褒めるようにしている。
	4．スタッフの注意すべきところは、問題点を明らかにし、時間をおかないで注意および指導をしている。
	5．スタッフの提案はできるだけ肯定的に聴き、実行に移せるよう指導および支援をしている。

第4章　支援産業（病院）のこれからのあり方

(3) 病院の賃金制度

　多くの公立、公的病院が、閉院を迫られている実態は、先述の公立病院の赤字病院の比率から容易に推測できるであろう。これらの病院の賃金は、院内での職種的格差が小さく、年功的な運用を行っているところが多い。長く勤務すれば、准看護師であっても、勤続年数の短い看護師長よりも高い賃金をえることができるから、誰も辞めない。民間病院よりも平均年齢が高くなり、人件費率も60％にも上り経営ができなくなるのである。

　医師についても同様のことがいえる。多くの民間病院は、その地域の職種別の労働市場に賃金水準を合わせる努力をしているが、公立病院は自治体の賃金規程に縛られそれができないでいるのだ。隣の民間病院に行けば、かなり高額の賃金が得られるにもかかわらず、わざわざ低い病院へ行くわけがない。医師は、もともと定年まで一つの病院に勤務することは考えていないわけであるから、同じような臨床経験を積める病院であれば、賃金の高い病院を選ぶことは自然のことである。

　このような誰もが簡単に分かる理由で、医師不足が生じている地方の公立病院は決して少なくないと思われる。そういう病院は賃金政策を行うことによりよみがえることができると思われるが、自らの運営をあきらめて、民間に譲渡するケースも増えてきているのではないだろうか。地域の労働市場により賃金水準が決められていることを示すデータとして、看護師については、日本看護協会が調査をした都道府県別看護職員離職率と、厚生労働省賃金構造基本統計調査の都道府県別の看護師の月額賃金額とを対比させたグラフを**図表7**に示す。また、医師については、全国病院管理学会の調査結果を**図表8**に示す。最近では、地方の医師不足の影響か、地方の医師の賃金水準のほうが、都市に比べて高い傾向にあるが、2010年調査でも同様のことが伺える。

図表7　賃金水準と地域性

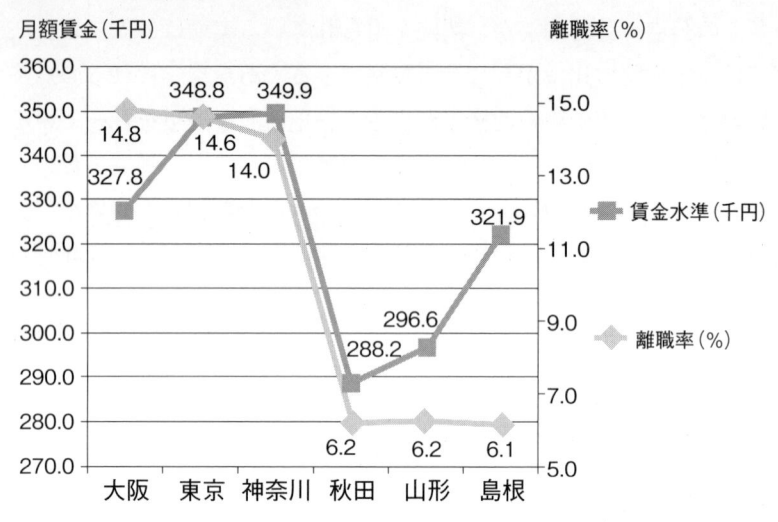

月額賃金(千円)／離職率(%)

	大阪	東京	神奈川	秋田	山形	島根
賃金水準(千円)	327.8	348.8	349.9	288.2	296.6	321.9
離職率(%)	14.8	14.6	14.0	6.2	6.2	6.1

出典：2009年度都道府県別常勤看護職員離職率（日本看護協会2010年病院における看護職員需給調査より）
　　　厚生労働省賃金構造基本統計調査-2009年都道府県別

図表8　私的病院（一般病院・医師）賃上額・賃上率

	平均年齢	平均勤続年数	賃上額			所定内賃金(A)	賃上直前の所定内賃金(B)	賃上率 A／B
			定昇	ベア	手当			
計	42.6	7.0	13,965	1,262	6,821	22,048	876,716	2.51
都市	43.2	7.0	9,344	1,369	7,658	18,370	872,427	2.11
地方	41.1	7.0	25,707	991	4,695	31,393	887,612	3.54

出典：2011年版病院給与勤務条件実態調査（全国病院経営管理学会編）より抜粋

　なお、病院がどのような賃金制度を導入しているかを調査した結果を**図表9**に示すが、回答病院数が少ないということはあるとしても、私的病院で国家公務員給与表に準拠しているところはほとんどなくなっているということが分かる。病院経営実態調査で、公立病院のほとんどが赤字である原因は、さまざまな要因があるとしても、いち早く国家公務員準拠から脱却してきた民間病院のほうが経営的に安定し

図表9　病院における賃金制度　　　　　　　　　　　　　　　　単位：％

病院種別	計	賃金の運用				別途方法により管理運用	未記入	賃金表の仕組み		
		賃金表により管理運用している						病院独自の賃金表	国家公務員給与表に準拠	その他
		小計	職務または職種別賃金表	資格・職能等級複数賃率表	その他					
公的病院	100 (12)	100	100	—	—	—	—	25	50	25
私的病院	100 (78)	77	46.2	23.1	7.7	11.5	11.5	92.3	3.8	3.8
計	100 (90)	80	53.3	20	6.7	10	10	83.3	10	6.7

出典：2007年版病院給与勤務条件実態調査（全国病院経営管理学会編）より抜粋

ているのだとすれば、賃金政策が経営結果を左右したといっても過言ではないのである。

　賃金制度については、昇格に重きを置いた制度（等級が上がることによって、賃金も大幅に上がるようにする）を推奨しているが、医師については、勤務年数が短いということを考慮し、賞与査定や昇給査定をきちんと行い、短期的なインセンティブの付与も重要な要素であると考える。

　また、病院においては、職員の「一体感」は非常に大切なことはいうまでもない。そこで、病院業績に基づき、全職員一律に支給するような臨時給料も仕組みとして取り入れてはどうであろうか。この事例として、米国シカゴのCentral Du Page HospitalにおけるSTEP（STRIVING, TOGETHER FOR, EXCELLENT, PERFORMANCE）というシステムを紹介しよう。

　これは、病院の年間目標値を職員全員に分かりやすくパンフレットやパソコン上で示し、全員で頑張って目標を達成したら、年度末に職員みんなに臨時給料を支給するというものだ。評価項目と評価の配分は、患者満足（30％）、患者数（20％）、コストのマネジメント

（25％）、利益率（25％）ということになっている。達成の度合いで、一般職員が年俸の0～6％、管理職が年俸の0～12％の臨時支給を受け取れるのである。みんなが頑張って結果が出ればみんなにご褒美という考え方だが、もう一つのポイントは、職員が達成度を定期的に知ることができるということだ。

年度の途中で、患者満足度はどの程度の達成状況なのか分かり、目標値と乖離していた場合には、職員は、患者への応対をさらによくしようと努力するだろう。患者数が少なければ、積極的に患者を受けるような何らかの行動を起こすかもしれない。そして、業績を達成して、みんなで臨時給料をもらう時の一体感は、次の年への活力へとつながるのではないだろうか。

このアメリカの病院の事例のように、この臨時給料については、役職によって変えることはあっても、職種によって変えないほうがいいかもしれない。賃金水準が労働市場において形成されていくと、病院内での賃金格差は非常に大きくなる。例えば、医師と看護助手との賃金格差は果たしてどのくらいになるのであろうか。10倍あるいはそれ以上かもしれない。せめて、みんなで頑張ったらみんなにご褒美は、役職も職種も関係なく、格差はつけないほうが好ましいのではないだろうか。現状は、過去の運不運によるというおもいやりの気持ちで、格差をつけない部分の処遇があってもよい。

なお、病院医療を支える低賃金の職種に対する支援は、今回、介護サービスで導入された「介護職員処遇改善交付金」のような公的支援も含め検討していくべきだと考える。

5 病院の運営および人材育成と地域の支援

地域により、また職種により労働市場は異なっているが、医療に従事する専門職は、その地域の中で貴重な人材であることは間違いない。そういう意味では地域の中で、医師や看護師を育てていくという

視点が必要だと考える。

　兵庫県丹波市の「兵庫県立柏原病院の小児科を守る会」の活動はあまりにも有名である。コンビニ受診や医師不足で疲弊した小児科医の退職を思いとどまらせたお母さんたちの活動は、全国に知れわたり、多くの医師や医療者は勇気づけられたのではないだろうか。この会のスローガンは、3つある。それは、「コンビニ受診を控えよう」、「かかりつけ医を持とう」、「お医者さんに感謝の気持ちを伝えよう」である。これからの病院運営には、地域住民の理解は欠かせない。それは、病院が地域住民の理解を得られるような努力もしなければいけないのだと考える。地域の支援として考えられることを3点あげることとする。

(1) 医療における人的資源は地域全体の財産

　2010年の診療報酬改定において、「地域連携夜間・休日診療料」が新設された。これは、従来、小児科で認められていた「地域連携小児夜間・休日診療料」を全年齢の救急患者まで拡大したものといえる。すなわち、病院が地域の開業医と連携して救急の夜間、休日または深夜に診療が可能な体制を保つことを評価しようというものである。地域で開業されている医師に、病院の中で、夜間や休日の救急のお手伝いをしていただくと、小児救急であれば、6歳未満の小児の診察を行った場合に、400点または550点の加算が認められ、それ以外の救急患者であれば、100点の加算が認められるようになったということになる。病院経営上のメリットもあるが、国が意図する小児科医の勤務の負担軽減にもつながっていることは間違いない。

　しかし、ここで人材政策としてとらえるべきことは、最近の病院では、中堅医師があまりおらず、数少ない中堅医師は、自分の診療に手一杯で、なかなか若い医師の指導まで手が回らないという状況への対応策として、このことを活用できないかということである。いい換えれば、中堅医師という人材は、地域全体に目を向ければ、経験豊かで

優れた医師が数多くいるということである。大学で教えていた医師であれば、若い医師の指導はお手の物であろうし、救急医療の第一線で活躍されていた医師であれば、実践的なことを指導できると考える。これは、地域の開業医が病院内で診察に当たるということが、病院の若い医師への指導面でも有効だという一例を示したにすぎない。

すなわち、医師をはじめとした医療専門職については、一病院の中だけで人材政策を考えるのではなく、地域の中でとらえていく必要があるということである。この例とは逆に、病院で余裕のある専門職がいれば、地域の中や開業医の所へ出向いて行き、地域の健康支援のために活躍してもよいのである。

(2) **医療専門職の研修、育成は地域の中で完結する工夫**

医師や看護師は、自らのキャリアを積んで能力を高めていくことに積極的なことはいうまでもない。勤務している病院では、十分な臨床経験を積めない、自分がやろうとしていることが勉強できないということもあると考える。

これについては、できるだけ地域の中にある医療機関と連携することにより、その人材を少なくとも地域の中に留めておくことができる。まずは、地域で不足している医師については、地域の中の医療機関が連携することによって、十分な臨床経験が積めるような配慮をしていくことが重要であると考える。地域全体で、優れた臨床医を育てるということが今求められているのだと思う。例えば、先述の「柏原病院の小児科を守る会」が、外来の窓口に設置を進めている「ありがとうポスト」のように、不眠不休で働かざるをえない医師に、地域住民が感謝の気持ちを伝える活動なども、地域で臨床医を育てることにつながるだろう。なぜならば、「ありがとう」という言葉一つで、医療者は、意欲を高めることができるからである。非営利組織を正常に動かすものは使命、医療者の使命は患者の健康を支援することであり、その使命を再確認するのは、患者からの言葉なのである。

第4章　支援産業（病院）のこれからのあり方

最近、医療の現場を見ていると、この逆のことが起こっているようにも思う。患者・家族からの心ない言葉で、多くの医療者が医療の現場を去っていることを、クレーマーと呼ばれる人は知る必要があるだろう。

(3) ボランティアの充実

病院が地域とのかかわりを持つという視点で、病院機能評価は、ボランティアの受け入れを評価していた時があった（現在の評価項目にはない）。しかし、アメリカの医療などの話しを聞くと、ボランティアの充実が、医療サービスの向上や医療者の負担軽減につながっているように思われる。今後わが国でも、真剣に考えていくべきことではないだろうか。

アメリカのボランティアの定義（インディペンデント・セクター" Giving and Volunteering in the United States）を見ると、次に掲げる領域の中で、「単に組織に属したというだけでなく、実際に何らかのかたちで利益を目的とせずに他の人々を援助する行為」とある。領域の5番目までをあげると、①保健医療、②教育、③宗教組織、④人的サービス、⑤環境保護となっている。

保健医療、教育が初めに書かれていることは、これらのボランティアを勧めているものと推察するし、病院、学校へのボランティア活動の充実ぶりは、よく耳にすることでもある。どちらもサービス残業が問題となるような産業であるが、よく考えて見てもらいたい、時間外かどうかのぎりぎりの仕事が当然発生するのである。内科医が、たとえ当直医がいたとしても、患者の状態が気になって帰宅できない。これは時間外労働であろうか。当直医に任せて帰ってもいいのである。学校の先生が生徒のことが心配で繁華街をラウンドした。これはどうであろうか。医療も教育も、人を対象とするかぎり、これで十分だということはないのである。

地域の共同体が、病院や学校を造ってきたアメリカでは、地域の医

療や教育を支援する必要性があるからこそ、今、これらのボランティアが充実しているように思う。その病院や学校を、アメリカよりも少ない人員で、しかもボランティアの支援を受けることもなく運営しているわが国の病院や学校は、公的な支援か地域の支援失くして、再生はありえないのではないだろうか。

地域の支援を促すという意味では、今後、企業が社員の病院や学校へのボランティア活動を、当然企業活動に影響を与えない一定の範囲内という制限は必要であるが、評価していくことに期待したい。

III　今後の人材政策の整備支援

病院を代表例として、課題といくつかの政策について列挙してきた。おそらく、介護や教育においては共通する部分も多く見受けられるであろう。

なお、これらの産業において共通して重要なことは、冒頭にも述べたとおり、国あるいは公の機関が、それぞれの専門職の人材ビジョンを明確にすることである。もともとこれらの産業における職種は、企業の枠を超えた社会的なもので、マーケットバリューとして賃金が決まってきたといってもよい。そうであるならば、従来の企業の枠の中で設定されてきた職能資格制度は、企業の枠を超えた外部労働市場に適用でき、職種別に設定されていく、職種別実力等級制度として分化していくであろう。

これに近いこととして、すでに介護においては、賃金政策、介護職員のキャリアパスの作成を促すといった政策が国によって取られたことが最近の事例として評価できる。ただし、この時、現状の賃金（2008年度下半期の賃金水準）に15,000円以上の賃上げが求められ、「介護職員処遇改善交付金」として支給されることとなったが、この

際に、国が介護福祉士の賃金水準をキャリアパスに応じて明確に提示することができれば、なおよかったように思われる。国の政策として、あるべき賃金水準を示さず、単純に15,000円以上の賃上げをした事業者に対して交付金を支払うというのでは、公正さに欠けるのではなかろうか。

　また、これとは別に厚生労働省の委託を受け、中央職業能力開発協会がとりまとめている「職業能力評価基準」に介護サービスが加えられている点も、近い動きとして捉えることができる。

　要は、今後は、この介護職員と同様、各専門職の賃金水準や等級基準がエクスターナルに設定されていくことが重要となってくるであろう。そして、その際には、国が政策として、職種によっては、一定の賃金水準を確保している組織あるいは確保した組織に対して、処遇改善交付金を支払うといった公的な支援策も必要になると考える。

Ⅳ　段階的な人材政策の整備

　国や公の機関が、それぞれの専門職の人材ビジョンを明確に示すことが、すぐにはできないとすれば、まずは、病院や各組織において、職種ごとの人材ビジョンや等級基準を示すことが必要であろう。そして、この職種別実力等級制度のフレームは、キャリア、コンピテンス（能力）、アカンタビリティ（役割）、コンピテンシー（実力）などといった要件が等級ごとに設定されることとなろう。このフレームの例を**図表10**に示す。

　また、このフレームとは異なるが、ある病院で、医師の役割を定義した事例を参考までに**図表11**に示す。この役割には、病院として求める役割だけではなく、現段階で、エクスターナルに求められている役割や能力を加えていくことが考えられる。では、現段階でエクス

図表10　職種別実力等級制度のフレーム

職能資格制度	評価側面		職能		実力グレード	
			キャリア	コンピテンス	完全遂行役割	コンピテンシー
9	Hi-Skill	Ⅶ				
8						
7		Ⅵ				
6	Skill	Ⅴ				
5		Ⅳ				
4	Second-Skill	Ⅲ				
3		Ⅱ				
2	First-Skill	Ⅰ				
1						

ターナルなものといえば、医療界においては、すでに2,500病院を超える病院が認定を受けている病院機能評価が示している基準や、各学会等が示している基準がこれに該当するであろう。

例えば、臨床研修病院において医師の指導育成にあたる科長職であれば、「指導医の資格を有するか、または専門医の資格更新を行っている」といった学会の認定を修得要件として示すことができる。さらに、病院機能評価が求めている医療安全や医療の質としての臨床指標などの把握と改善といったことも、病院共通に求められるものとして、医師の役割として定義することができよう。なお、最近の動向として、日本専門医制評価・認定機構（専認機構）が、専門医を認定する新たな第三者評価機関の創設に向けて検討会を立ち上げたとのことである。これは、現在は、学会ごとに専門医を定義し認定しているわけだが、この専門医の定義を一律にしていこうという動きである。おそらく、こういったことは、看護においても、日本看護協会が専門看

第4章　支援産業（病院）のこれからのあり方

図表11　医師の役割定義の例（抜粋）

等級	該当職位	役割定義	主な具体的役割				知識・技術・資格
			1. 顧客に対する役割	2. 医療の質と業務遂行に対する役割	3. 人材育成に対する役割	4. 医業収支に対する役割	
5	診療科長 （管理職）	担当する診療科の運営および経営を円滑に実行する役割を担う。また、担当する診療科の中期的な運営に向けてリーダーシップを発揮する役割を担う。	患者が医療に積極的に参加できるように、必要な体制を提供するをつくる。担当する診療科の臨床倫理的問題について上司に報告・連絡・相談の上、対処する。部下に対し、担当する診療科の中期計画の改善に向けての交流を通じた指導、地域の医師会や専門医会との交流を図り、信頼関係を築く。	担当する診療科における改善できる課題を明確にし、臨床標準値により常に医療の質向上に努める。担当する診療科の中期計画を年次事業計画へ落とし込み、実行するリーダーシップを発揮する。	学術活動を通し、地域等の医療・保健に貢献する。部下の指導育成を行う。担当する診療科の職場環境改善を示し部下の時間外労働の短縮を図る。	担当する診療科の医業利益を向上させる。担当する診療科の収入を向上させる。担当する診療科のコスト低減を図る。	指導医の資格を有する。指導医または専門医の資格更新等を行っている。
4	医長	診療科長を補佐し、診療科の運営および経営を円滑に執行する役割を担う。また、後継医師の指導を行う役割を担う。	患者が医療に積極的に参加できるよう、必要な診療環境を提供する。日常の臨床倫理の問題について上司に報告・連絡・相談の上、適切な指導を行い、患者接遇等について遵守する。連携医療機関等との良好な関係を構築・維持し地域医療に貢献する。	医療の安全、質に関する課題に対し、担当する診療科の問題点を明確にする。担当する診療科の中期計画を年次事業計画・実行において参画する。委員会、会議において参画する。	診療科長と共に対する診療科長の指導育成を行う。	診療科利益向上に向けて、診療科長と相談し、適切な医療にお金を意識し入院期間等を意識し、診療を図る。	専門医の資格を有する。
3	上級医員	上司の指導の下、他の医師や関係部門と協力して、診療を自立して行う役割を担当する。	患者へのインフォームドコンセントを適切に行う。患者の人権やプライバシーに配慮した医療を運用する。チーム医療におけるリーダーとして、患者の自己決定権を尊重し関係を構築する。連携医療機関との良好な関係を構築・維持する。	医療の安全、質の向上を念頭におき医療にあたる。チーム医療におけるリーダーとして、医療スタッフと協力関係を構築する。診療等で後輩医師を支援する。委員会、会議に積極的に参画する。	診療分野の学術活動を行う。後輩医師の指導育成を行う。	効率的な医療やコストを意識を持ちながら、できるだけ無駄な検査や処方を避ける。	認定医、基礎的専門医等の資格を有する。
2	医員	上司の指導の下、他の医師や関係部門と協力して、診療を行う役割を担う。	患者・家族へのインフォームドコンセントを適切に行う。患者の人権やプライバシーに配慮し、患者の意思を尊重した診療を行う。患者・家族、医療スタッフとの言葉遣い、態度を適切に行う。連携医療機関等と連携・協力して診療を行う。	診療上の不安なことは上司に報告・連絡・相談の上にあたる。自己の診療能力の範囲内で診療を行う。円滑な協力関係を作り診療にあたる。委員会、会議に積極的に参画する。	後輩医師の診療の指導を行う。	効率的な医療やコストの低減の意識を持ち、必要に応じ、上司に相談の上、診療にあたる。	初期臨床研修プログラム修了者
1	研修医	プライマリ・ケアの基本的な診療能力（態度・技能・知識）を身に付ける役割を担う。	患者・家族、医療スタッフへの態度・言葉を通じて配慮した診療を行う。	上級医の指示に基づいた診療にあたり、診療における各部門の定められたルールを順守し円滑な診療にあたる。	後輩医師等の診療の指導を行う。	上級医師の指導に従い、適切な医療を行う。	初期臨床研修プログラム参照

護師や認定看護師の基準を設けているように、他の医療専門職でも、専門職ごとに国内で統一の基準が設けられ、その専門性が評価されていくことになると考える。すなわち先の医師同様、他の専門職においても、これらの認定取得や、診療報酬上の研修参加を自院の能力要件の中に組み込んでいき戦略的に人材を育成していくことが必要である。

したがって、このように、きわめて専門性が高く、外部労働市場の中で、賃金が決まっていくような職種の場合には、社会的に標準スキルが設定され、その社会的な標準スキルの賃金が把握され、それによって能力賃金が決まっていくということになろう。そして、その前提となるのが人材ビジョンであり、これらの社会的に影響力が大きな職種においては、国や公的な機関などが明確にそれらを示し、組織は、そのあるべき姿に向かって、職員が成長し実力が発揮できる、図表10に示した職能資格制度をベースとした職種別実力等級制度を整備していく必要がある。

なお、このような実力等級制度を運用していくには、**図表12**に示した諸評価の導入が必要となる。また、これらの評価制度に対して、不平・不満が生じないようにするためにも、患者さんなどからの評価も含めた多面的・多角的な評価制度も導入していく必要があろう。

今後、これらの産業において、組織全体で制度導入を進めることによって、人材が育ち、人材支援産業が抱えるさまざまな課題が克服されることが望まれる。

第4章　支援産業（病院）のこれからのあり方

図表12　人材評価制度の整備要件

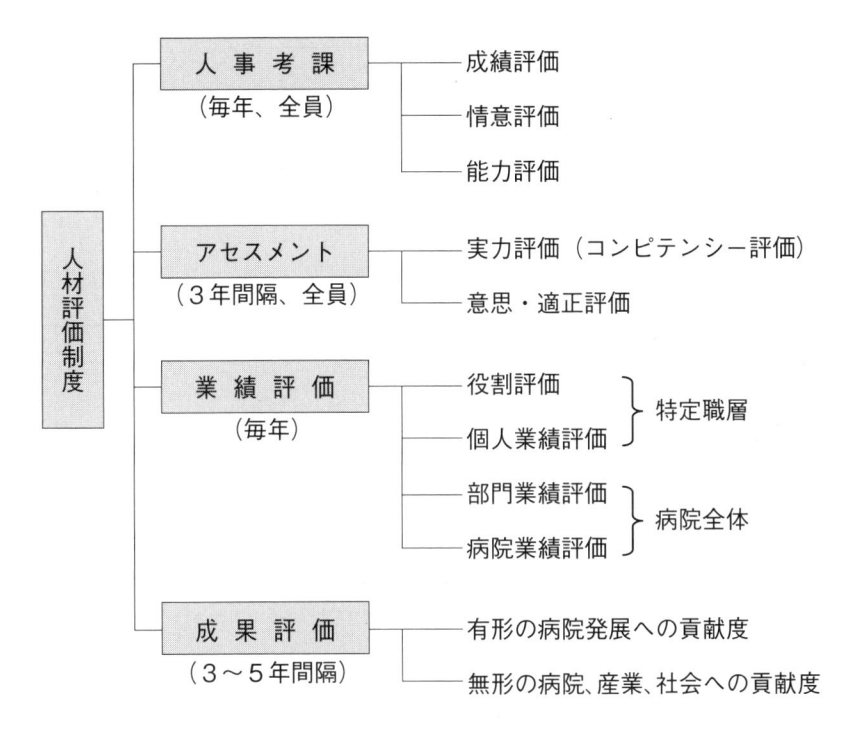

```
                ┌─ 人 事 考 課 ──┬─ 成績評価
                │  （毎年、全員）  ├─ 情意評価
                │                └─ 能力評価
                │
                ├─ アセスメント ──┬─ 実力評価（コンピテンシー評価）
人               │ （3年間隔、全員）└─ 意思・適正評価
材              │
評              ├─ 業 績 評 価 ──┬─ 役割評価      ┐
価              │   （毎年）      ├─ 個人業績評価  ┘ 特定職層
制              │                ├─ 部門業績評価  ┐
度              │                └─ 病院業績評価  ┘ 病院全体
                │
                └─ 成 果 評 価 ──┬─ 有形の病院発展への貢献度
                  （3～5年間隔）  └─ 無形の病院、産業、社会への貢献度
```

第5章
chapter 5

豊かな社会を創る人生要素
(生活・家庭・教育)

日本賃金研究センター
主任アドバイザー　藤田　征夫

Ⅰ 高度な技術、技能の社会的負担による すべての人への付与

1 人材の使い捨てはできない時代に

　日本の雇用管理は、若い新卒者を雇用して企業内でじっくりと教育し、経験を積ませながら内部昇進を重ねていく。OJTや企業内教育だけでなく、人事異動を通して多様な能力や技術・技能を習得するシステムが確立され、技術・技能立国日本をつくりあげてきた。

　若い新卒社員を大量に採用しその中で競争させ、切磋琢磨させて優秀な人材を育て上げることのできた背景にはピラミット型の人員構成があったが、今や少子化・高齢化により逆ピラミット型の人員構成に転換してきており、人口減少社会に突入してきた（**図表1参照**）。

　さらに近年、発展途上国への技術移転や安価な製品・商品の流入などにより日本企業は国際競争力の面で窮地に立たされている。とくにバブル崩壊後の急激な経済変動の中で世界に例のないようなデフレ経済に突入し、成果主義の名の下に賃下げや企業間・個人間の過当競争を激化させる状況となってきた。

　そのような中で、企業や社員のゆとりや余裕が失われコストパフォーマンスの面での一定の前進を評価する人もいるが、反面で「教育や人材育成の面では失われた10年」と言われている。

　今後、ますます技術・技能の高度化、多様化が進む中で社員の高度な技術・技能の育成とその伝承が求められていることはいうまでもない。そのためには過当な安売り競争に埋没するのではなく、付加価値の高い信頼される商品やサービスの開発・製造・提供を継続的に進めていかなければならない。いくら成果主義の下で「がんばれ」、「競争しろ」、「ハイリスク・ハイリターンだ」と鞭打っても土台となる「技

第5章　豊かな社会を創る人生要素（生活・家庭・教育）

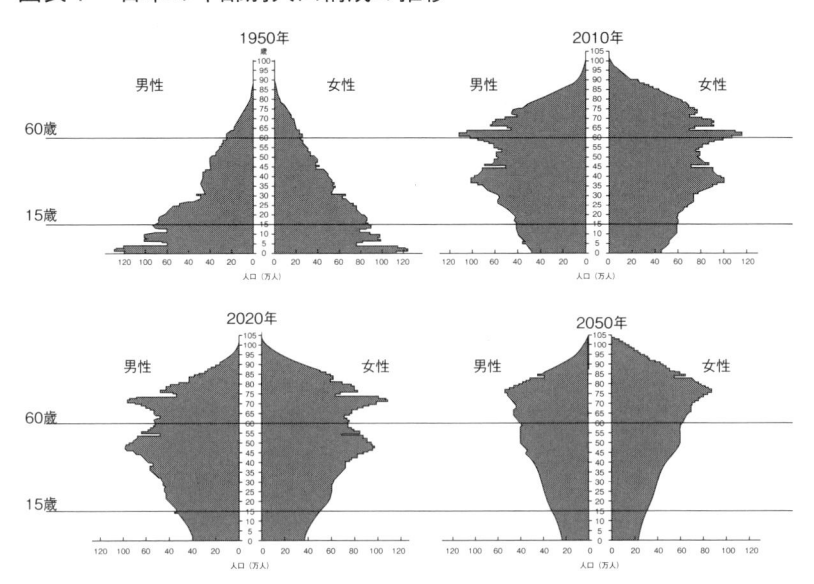

図表1　日本の年齢別人口構成の推移

術・技能」、「実力」が伴わなければ継続的な成果を上げていくことはできない。

　個々人の「技術・技能」、「実力」を向上させていくには社員の努力や徹底したOJTに実践が不可欠だが、周囲からのサポートが重要である。とくに技術・技能に関しては基礎的・体系的な教育に加えて急速に多様化、高度化、革新化する中で計画的な実戦訓練が求められている。

　大企業では教育の機会も人材もそろっており、社内だけでなく社外および海外での教育の場も用意されているケースも多いが、種々の要因で退職してしまうと教育の機会さえ失われてしまう。雇用の流動化が不可避な状況において、日本は雇用が安定しているときはよいが転職や再チャレンジに対して不利な環境にあり、結果として雇用も収入も激変してしまうことになりかねない。少子高齢化の中で、人材の無駄づかいが許されない現代において社会全体の損失になりかねない。

2 失業の防止と再チャレンジ体制の整備を

　最近は新卒者の採用も低下し就職浪人が増えているが、厚生労働省の調査によると採用されても十分な教育や経験を積み重ねる前に退社する者が多い。いわゆる「七五三退社」と言われるもので、新卒として入社しても中卒の7割、高卒の5割、大卒の3割が3年以内に退職をしてしまうという高度成長期の現象が、更に強まってきている。新就職氷河期の今日では若干退職率は減少しているとはいえ傾向としては依然多い状況である。

　社会経験・人生経験のない若者が企業の仕事の苦しさなどから退職することは多く、昔から「3日」「3月」「3年」が採用担当者のチェックポイントと言われてきたが、十分な社員教育や定着対策が行われていないことも背景としてあげられる。このような退職者が契約社員や派遣社員として、非正規労働者として十分な教育も受ける機会もなく中高年になっていくことは避けなければならない。

　若者だけでなく中間層の失業も社会全体の大きなマイナスといえよう。結婚し子供を産み育てる大事な時期にワーキングプアとして過さざるをえない状況は避けなければならない。仮に失業したとしても次のチャンスに向けてのサポート体制を担保できる体制づくりが必要だ。

　企業に採用されている正規社員であれば企業内教育の機会があるが、退職してしまうと教育の機会が失われて格差がますます増大することとなってしまう。国政としての再チャレンジのサポート支援を行うことが求められる。オランダのようにそのための費用負担の一部を企業が負担することも検討すべきであろう。

3 正規と非正規の違いをなくすことが必要

　社員が組織の規制のもとで一律的に仕事を強制されるよりは、個々

第5章　豊かな社会を創る人生要素（生活・家庭・教育）

人の価値観に応じて、仕事や働く場所、働く時間が選択できる環境が選択できることは望ましい姿といえよう。

組織（企業）にとっても、労働環境が大きく変化する中で、従来のように長期間かけて社員を教育していくことが困難な職種もあり、一定の経験キャリアを有する社員を、一定期間に活用できる雇用環境ができれば有益といえる。高度な先進IT技能を必要とする業務などは、従来型の長期育成システムの環境では必要な時に必要な人材を確保することが困難なこともあろう。

両者をバランスよくマッチングできる雇用システムの構築が望まれている。相互の労働条件や社会保障等の格差をなくし、フェアーな条件の整備が不可欠といえる。また、そこには本人の意思による選択が可能なシステムが必要だ。

しかしバブル崩壊以後、政府の対応は必要なセーフティーネットを整備しない状況の中で対応を急いだために多くの課題が表面化することとなった。

その代表的なものが、正規・非正規社員の問題であり今や大きな社会問題となってきている。

一般に「非正規社員」といわれる中にはパート、アルバイト、派遣社員、契約社員、嘱託などが含まれる。正規雇用者は1997年までは増加していたが、それ以降、2006年まで減少し、07年以降ほぼ横ばいとなっている。これに対して非正規社員は2008年までは一貫して増加した。いまや3人に1人以上は非正規社員となっている（**図表2、3参照**）。

正規・非正規の分類の是非についても議論されなければならないポイントであるが、本来時代や環境の変化にダイナミックに対応できる雇用システムの変革が求められなければならない中で、なぜ正社員を中心とした規制が続けられてきたのであろうか。それは"人間の利欲や煩悩"による差別や危険性を危惧したことによる先人の経験によるものであろう。物質文明は飛躍的に伸長するが人間の意識や対応は旧

図表2　非正規社員の内訳（2010年）

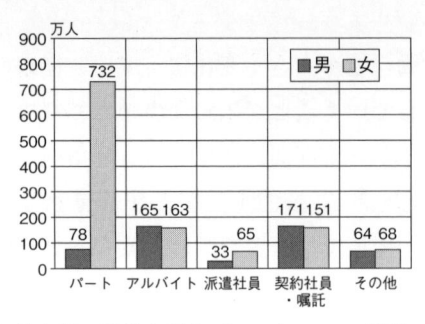

区分	男	女
パート	78	732
アルバイト	165	163
派遣社員	33	65
契約社員・嘱託	171	151
その他	64	68

資料出所：労働力調査（2010年1～3月期）

態依然として遅々としていることによるからであろう。

4 なぜ派遣労働が規制されてきたのだろうか

　人材派遣業は古くからいわゆる「口利き」「口入屋」と呼ばれ忌み嫌われた斡旋業であるが、江戸寛文年間には俗にいう「けいあん」（大和慶安。医者）という職業斡旋所が有料で婚姻の斡旋や奉公先の紹介奉公先から斡旋料を受け取り、武家・商家の住み込み女中、料理屋の仲居などの仕事を紹介していた。

　また、徳川8代将軍徳川吉宗の孫の松平定信が寛政の改革（1787年～1793年）の時代、江戸石川島に「人足寄場」を設け軽犯罪を犯した罪人が釈放後宿無しとなり、再犯を犯すことのないように「人足寄場」に集めて大工・建具・指物・塗り物などの作業をさせたりし、社会復帰のために職業訓練をするとともに、作業に対して報酬を出しその3分の1をあらかじめ徴収しておき、それらを元手に正業に就かせていた。清水次郎長（山本長五郎）が明治維新後、人足を出し清水港の改修、富士山山麓の開墾などの請負を行ったことは知られているが、近年では東京の山谷や大阪の尼ヶ崎などの日雇い・ピンハネなど

第5章　豊かな社会を創る人生要素（生活・家庭・教育）

のイメージが強く、民間企業における職業斡旋は禁止されていたものである。

しかし、昭和41年にマンパワー社が日本に進出し人材派遣業が大きく変化していった。当時、日本は「雇用安定法」により、労働者を募集して他人の指揮命令下に労働に従事させる「労働者供給事業」は法的に禁止されていた。そのため当時の人材派遣業者は民法第632条（請負契約）に注目し、長く業務請負業として「事務処理の請負業」として業務が展開されていった。実態として「請負契約」と称し、人材を派遣し続けていた時代が長く続いたが、「業務請負業」が多くなり、昭和60年7月に「労働者派遣法」が公布され、そして61年4月に「労働省告示第37条」が告示され、明確に派遣と請負の区別が規定化された。

労働者派遣法が施行当時、システム設計など26業務のみ派遣可能という形で施行されたがプラザ合意からの円高、バブル崩壊以後、産業界から人件費削減手段として人材派遣ができる業務を増やす要望が強くなり、「派遣禁止業務のポジティブリスト化」（26業務から禁止業務以外は原則派遣可能）へ派遣可能業務が拡大された。

1995年（平成7年）に日経連（当時）が発表した「新時代の『日本的経営』」では、労働者を「長期蓄積能力活用型グループ」、「高度専門能力活用型グループ」、「雇用柔軟型グループ」に分け、派遣労働者やフリーターは「雇用柔軟型グループ」に分類し人件費削減に向けて積極的に対応していく姿勢を示した。そして平成16年3月には製造分野への派遣解禁など派遣可能業務が拡大されて以後、派遣労働者は急速に増大した。

まさに「パンドラの箱」を開けてしまったのである。江戸時代と時代が違うといっても人間が行うことであるから、いろいろと規制を行ったとしても労働者派遣法の改正審議の中で心配・不信が多く出され、偽装請負が社会問題化されるであろうとの議論が盛んに行われた

図表3　非正規雇用者比率の推移（男女年齢別）

単位：％

性別・年	総数	15～24歳	25～34	35～44	45～54	55～64	65歳以上
男子							
1990	8.7	20.0	3.2	3.3	4.2	22.7	50.0
1995	8.8	23.6	2.9	2.3	2.9	17.5	48.3
1996	9.3	25.2	4.1	2.9	3.0	16.9	49.4
1997	10.4	29.6	5.1	2.7	3.3	17.8	55.6
1998	10.3	31.6	5.0	2.9	3.2	16.5	52.2
1999	11.0	34.0	6.3	2.6	2.9	18.3	54.1
2000	11.7	38.5	5.6	3.8	4.1	17.9	53.8
2001	12.5	42.1	7.3	3.1	4.7	18.0	56.6
2002	14.8	40.4	8.8	5.3	7.3	23.5	60.0
2003	15.2	41.2	10.0	5.4	7.4	22.6	61.8
2004	15.9	41.7	10.9	6.0	7.7	23.9	67.8
2005	17.8	44.2	13.2	7.0	9.2	27.6	67.0
2006	18.4	45.4	13.9	7.2	8.2	26.6	70.5
2007	18.3	45.7	13.9	7.4	8.1	25.8	70.4
2008	18.6	44.8	13.0	8.1	7.9	28.0	67.4
2009	17.7	42.7	13.0	6.6	7.3	27.3	64.8
2010	18.2	41.6	13.2	8.1	7.8	27.6	69.8
女子							
1990	37.9	20.6	28.1	49.0	44.7	44.8	48.1
1995	39.0	28.4	26.6	48.9	46.8	43.3	50.0
1996	39.6	29.9	27.0	46.9	48.3	45.9	51.4
1997	41.6	34.9	28.0	49.3	48.5	47.6	55.6
1998	42.7	37.6	29.5	49.0	49.0	50.8	55.6
1999	45.0	39.6	31.7	51.8	52.4	51.0	56.8
2000	46.2	42.3	31.6	53.1	51.6	55.5	57.8
2001	47.7	45.2	34.7	52.6	52.8	56.9	59.1
2002	48.1	47.0	34.4	53.0	53.3	57.2	57.1
2003	51.1	49.8	37.6	53.9	58.0	59.9	61.5
2004	52.5	50.4	41.3	55.6	56.7	61.5	68.8
2005	51.7	51.5	38.4	54.2	56.6	61.1	70.2
2006	52.9	51.5	41.9	54.3	57.5	61.3	64.1
2007	54.0	50.4	42.3	54.9	58.9	63.0	68.9
2008	54.2	50.2	41.5	56.9	57.1	64.6	72.4
2009	53.6	51.4	41.9	53.0	57.3	63.3	74.1
2010	53.3	50.0	41.4	51.3	57.8	64.1	71.1

資料出所：総務省「労働力調査」
（注）非農林業雇用者（役員を除く）に占める割合。2001年以前は2月調査、それ以降1～3月平均。非正規雇用者にはパート・アルバイトの他、派遣社員、契約社員、嘱託などが含まれる。

第5章　豊かな社会を創る人生要素（生活・家庭・教育）

が、自民党の推し進めた派遣業務の大幅な拡大に伴い、失業率増加の抑制には一定程度寄与したものの、若年層や女性を中心に非正規雇用者の割合が増えていった結果、正規雇用者との間の格差が拡大し、派遣切りなど雇用の不安定さも増してきた。

そしてリーマンショック以後の世界的経済混乱において大量の「派遣切り」が問題となり見直しの動きが強まった。派遣社員の待遇改善をめざすとともに、派遣先で発生しがちな違法行為を禁じる方向で動いていった。

政権が民主党に移り、2010年に政府は、登録型派遣と製造業派遣の原則禁止を柱とする労働者派遣法改正案を、3月19日に閣議決定した。しかし野党の反対が根強いことと2010年度補正予算の十分な審議日程が確保できないことから2010年12月の国会成立を断念した。

派遣労働は「自分の意志で働き方の自由な選択を」といったうたい文句とは裏腹に、派遣社員が現在の就業形態を選んだ理由では"正社員として働ける会社がなかったから"が多くなっている（厚生労働省「平成19年就業形態の多様化に関する総合実態調査」）、(**図表４参照**)。この種のアンケート調査では現状を否定的にとらえたくないとの意識が働く傾向が強いので実際にはもっと自由な選択的な余地がないためにしかたなく派遣社員を選択しているのではないかと考えられる。そして、正社員になりたい理由として"雇用が安定しているから""より多くの収入を得たいから"が、断突となっている (**図表５参照**)。

不安定な雇用環境の中で、職場にも家庭にも居場所がなくなり、家族や地域とのつながりも薄れ、孤独に過ごす高齢者や、社会的に孤立する若者が増えている「無縁社会」の現状が現在問題となっている。政府は2011年２月に家族や地域とのつながりが薄れている「無縁社会」への対応がきわめて大きな課題だ、として「無縁社会」対策を社会保障改革の議論に連動させていく考えを示した。

健康で文化的な最低限度の生活を担保するための環境整備が早急に

図表4　現在の就業形態を選んだ理由（労働者割合）（正社員・出向社員以外の労働者）

（複数回答3つまで）、（単位：％）

区分	正社員・出向社員以外の労働者計	専門的な資格・技能をいかせるから	より収入の多い仕事につきたかったから	自分の都合のよい時間に働けるから	時間や日数が短いから	簡単で責任が少ないから	就業調整（年間労働時間の調整）をしたいから	家計の補助、学費等をえたいから	自分で自由に使えるお金を得たいから	通勤時間が短いから	組織にしばられたくなかったから	正社員として働ける会社がなかったから	家庭の事情（家事・育児・介護等）・その他の活動（趣味・学習活動等）と両立しやすいから	体力的に正社員として働けなかったから	その他
正社員・出向社員以外の労働者	100.0	14.9	8.8	42.0	15.5	9.4	5.5	34.8	20.8	23.2	6.6	18.9	25.3	2.9	11.4
男	100.0	24.3	15.1	33.8	13.9	14.1	5.3	22.7	18.7	15.1	12.9	23.9	9.8	2.7	15.2
女	100.0	10.2	5.6	46.0	16.4	7.0	5.5	40.9	21.9	27.3	3.4	16.5	33.0	3.0	9.5
年 齢 階 級															
15 ～ 19 歳	100.0	3.6	2.9	81.8	0.4	50.5	0.1	3.9	38.4	27.2	0.4	2.3	1.1	0.3	8.7
20 ～ 24 歳	100.0	16.1	20.1	49.4	5.5	9.1	1.5	27.4	35.1	14.0	8.8	15.7	31.3	1.5	15.6
25 ～ 29 歳	100.0	13.5	11.5	40.9	6.1	6.7	1.8	9.7	31.6	12.7	5.3	33.8	17.1	2.8	19.6
30 ～ 34 歳	100.0	17.2	10.2	39.5	14.2	11.1	0.8	36.8	15.1	23.6	6.8	23.8	33.3	5.2	10.5
35 ～ 39 歳	100.0	11.2	6.8	46.2	20.3	4.9	2.5	32.4	12.1	37.7	11.6	18.3	27.6	2.3	12.7
40 ～ 44 歳	100.0	11.1	6.6	49.5	14.7	7.3	7.0	46.2	22.7	21.3	4.9	14.2	37.7	2.0	8.7
45 ～ 49 歳	100.0	12.5	6.9	38.2	18.5	4.2	8.2	50.4	17.5	29.9	2.3	21.3	31.3	2.3	9.4
50 ～ 54 歳	100.0	12.6	7.5	42.9	18.1	7.1	6.9	46.5	12.7	23.7	3.2	20.9	20.3	4.4	9.7
55 ～ 59 歳	100.0	9.9	10.1	46.2	11.4	10.1	5.7	41.0	18.0	24.3	13.7	17.1	26.2	1.9	6.7
60 ～ 64 歳	100.0	28.6	7.5	24.9	20.8	11.8	10.9	30.5	25.0	16.2	2.9	13.5	10.1	3.7	14.6
65 歳 以 上	100.0	25.6	5.6	29.5	32.9	16.3	11.2	16.6	24.5	19.8	3.9	14.5	17.0	4.1	11.3
就 業 形 態															
契 約 社 員	100.0	37.0	17.0	13.5	9.3	6.2	2.1	18.5	13.5	16.8	7.0	31.5	11.3	2.8	22.4
嘱 託 社 員	100.0	40.3	14.5	9.8	13.0	12.6	7.6	25.9	14.3	13.5	4.0	19.2	5.9	4.4	27.2
派 遣 労 働 者	100.0	18.5	21.2	17.7	8.8	12.4	1.6	16.1	17.4	17.6	12.3	37.3	15.9	1.6	20.6
登 録 型	100.0	14.9	20.2	22.4	11.2	12.5	1.6	16.8	20.7	18.7	13.1	37.9	19.7	1.6	15.7
常 用 雇 用 型	100.0	22.6	22.3	12.2	5.9	12.2	1.5	15.2	13.5	16.2	11.4	36.6	11.3	1.6	26.3
臨 時 的 雇 用 者	100.0	19.3	8.3	42.9	16.7	13.1	4.1	27.3	30.1	17.9	4.7	14.6	16.8	4.7	12.1
パートタイム労働者	100.0	9.0	4.0	55.9	19.2	8.6	7.1	42.4	22.7	25.1	5.8	12.2	32.0	3.1	5.4
そ の 他	100.0	17.6	13.5	23.6	7.8	10.7	2.2	29.3	20.9	28.5	5.5	27.9	16.3	2.5	20.8

注：1）正社員および出向社員については、調査していない。
　　2）正社員・出向社員以外の労働者のうち、現在の就業形態を選んだ理由を回答した者について集計した。
　　3）「就業調整」とは、所得税の非課税限度額および雇用保険、厚生年金等の加入要件に関する調整を行うことをいう。

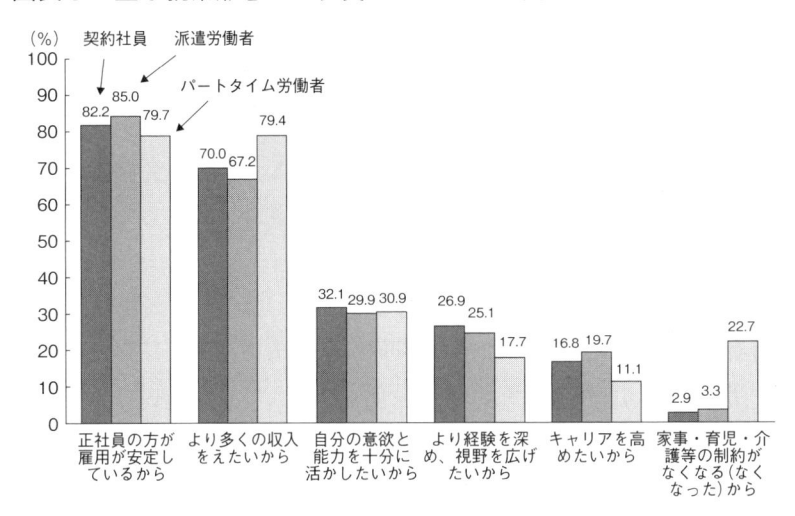

第5章　豊かな社会を創る人生要素（生活・家庭・教育）

図表5　主な就業形態の正社員になりたい理由

（％）　契約社員　派遣労働者　パートタイム労働者

理由	契約社員	派遣労働者	パートタイム労働者
正社員の方が雇用が安定しているから	82.2	85.0	79.7
より多くの収入をえたいから	70.0	67.2	79.4
自分の意欲と能力を十分に活かしたいから	32.1	29.9	30.9
より経験を深め、視野を広げたいから	26.9	25.1	17.7
キャリアを高めたいから	16.8	19.7	11.1
家事・育児・介護等の制約がなくなる（なくなった）から	2.9	3.3	22.7

資料出所：厚生労働省「平成19年就業形態の多様化に関する総合実態調査結果の概況」
注）主な就業形態の現在の就業形態を選んだ理由（上位6つまで）（労働者割合、複数回答3つまで）

実施されることが望まれよう。しかし、すでに多くの企業に浸透しているこの法律を改正するには多くの困難が予想されるが、幅広い労働規制改革とセーフティーネットの拡大が不可欠である。

　正規雇用者の整理解雇要件の緩和、正規雇用者の長時間労働に対する規制、失業者に対する職業訓練や雇用先の確保、失業手当の拡充などが必要となろう。

5　オランダのワークシェアリング

　1990年代にはオランダも雇用問題には多くの問題を抱えていた。正規と非正規に大きな処遇上の格差があり、労使紛争や訴訟も多発していた。1995年に、ウィル・コップ首相は雇用問題に積極的に取組み、非正規労働者の処遇上の格差に注目し「もし派遣社員に十分な社会保

障を与えられないのであれば、派遣業への厳しい規制もやむをえない」との考えを表明した。経営側は規制を強化すれば国際競争力が低下し企業の活力が損なわれるとして反対したが、多くの困難を克服して、1998年に「フレキシビリティー＆セキュリティー法」が成立し、非正規社員にも労働時間の違いだけで正社員と同等の社会保障が与えられ賃金も正社員と同一労働同一賃金が保障され、失業しても賃金の70％を最大３年間保障されることになった。

　法律は、経営側には「雇用調整」の保障をするが、「正規社員並みの賃金」「安定した社会保障費の負担」「職業訓練の提供」を義務づけた。労働側には「雇用保障」を担保する代わりに賃金抑制の合意と雇用調整の受け入れを受け入れさせ、また国は職業訓練の大部分を国費で実施（学費の25％と交通費は企業負担）、財源として消費税を19％（食料品を除く）に引き上げ、所得税負担も日本の２倍の規模となった。その結果労働者全体の収入が安定し消費が伸びたことにより経済も上昇し、そして先進主要国の中で最も低い失業率となった。

　このように、政労使はそれぞれの負担を分かち合う「三方一両損」のワークシェアリングの実現である。

Ⅱ　愛を重視する社会的教育の機会増大

　「経済」という言葉は本来"経世済民"「世の中を經（おさ）め、人民を済（すく）う」の意と言われるが、いつの頃よりか"Economy"の訳語に置き換えられ金銭の流通や社会が生産活動を調整するシステムばかりが強調されることとなってきている。企業も営利を目的として一定の経済活動をする経済主体と言われるようになってきた。

　しかし、国民あっての国家であり、人間あっての企業の存在としての認識を忘れてはなるまい。もちろん戦前のような誤った国粋主義の

第5章 豊かな社会を創る人生要素（生活・家庭・教育）

ような、もしくは政治教育というのではなく、国民の立場に立った経済運営を考えるべきではないだろうか。

　最近はいじめの問題や、親の子供への虐待、親への暴力、夫婦間のDV（ドメスティック・バイオレンス）などの信じがたい悲惨なニュースがマスコミを騒がせている。企業においても「コンプライアンス（法令遵守）」という言葉を盛んに強調しなければならないほど混乱が日常化し、マスコミ等で企業のトップや責任者がお詫びの会見をする映像が頻繁に見られるような状況となっている。疑心暗鬼や不信感の中で生活することは社会全体を不幸にし、職業生活にも大きな影響があらわれているといえよう。対処療法だけでなく、根本的な対策、つまり社会教育の充実が求められる。

　そのためには、家庭においては家族を愛し、行動する考えを。学校においてはそれぞれの立場、価値観を尊重し人間関係の重要さを教え教育すること。そして社会や企業においては個々人を尊重しお互いが助け合って仕事を遂行していくことの大切さを、特に若い時期にしっかりと教育しておくことは必要だ。

　シチズン意識調査（2007年）によると父親が子供と会話する時間は平日で最も多かったのが30分程度の25.0％で、「会話がない８％」を含めて15分程度以下は31.7％であった。父親は残業して疲れて帰宅して子供とろくに会話もしないで子育ても家事も母親任せとなっているようだ。共働きの夫婦では妻も同じような状況であろう。

　もっと家族でふれあい、話し合うことが必要であろう。子供は親の姿を見て育つといわれるが、ふれあいのない家庭で育った子供はどうなるのであろう。父親はワークライフバランスを考え家族とのふれあいを大切にし、家族との絆をしっかりと考え、親として社会人としての生き方、接し方、相互の思いやりの精神を子供の心に記憶させることこそが家庭教育のあり方であろう。

　企業の人事担当者に聞くと「最近の新入社員は仕事の教育をする前

に、人間教育をしなければならない」と嘆く方が多い。両親からの十分な愛情を受け、しっかりとした躾と社会人としてのマナーを身につけさせることは家庭教育の原点であろう。

学校教育は単に教科の勉強を教えるだけでなく、特に高等学校までは社会的な教育の基礎の習得にもっと力を注ぐべきであろう。進学のための詰め込み教育では予備校と同じである。

家庭を離れて集団生活をする中で相手を思いやる心、いろいろなものに興味を持つ心、考え工夫する力、社会人としてのルールやマナーの習得といった教育は、家庭内教育と連携して実施していくことが重要であろう。詰め込み教育は卒業してしまえば忘れ去られてしまうが、マインド教育は社会人となっても引き継がれるものである。

しかし、現状は学校現場の崩壊を嘆く声が強い。教師の懸命な努力にもかかわらずいじめの問題、非行の問題、クレーマーの対応など教育以前の問題が山積みとなって疲弊している教職員が多い。改革の特効薬はなかなか見あたらないが、父兄や社会と協力して地道な努力を積み重ねていくことが重要であろう。

企業に入社したならば企業内教育を計画的に実施していくことが必要である。能力・実力・キャリアを高めるための実践教育が企業内教育といえよう。しかし、若年層においては実践教育の前に組織人としてのマインド教育が重要である。

人間は1人で生きているのではなく相互に支え合い協力し合って生きていかなければならない。学校では同年齢の中での生活だが組織に入れば先輩や上司などさまざまな人間関係の中で行動しなければならない。規律性、協調性、積極性、責任性などについて若いうちに徹底的に教え込むことが必要だ。習慣化されたものを修正することは難しいが、習慣化する前の段階で徹底したマインド教育を行うことが効果的であろう。技術・技能教育はマインド教育の後でよいだろう。

企業内で経験・キャリアを重ねて先輩となり昇進したときに求めら

れるのはマインドの高さであろう。

　技術・技能教育についてはそれぞれの職場に直結した教育を計画的・体系的に実施することが重要だ。しかし教育の成果を高めるためには本人の努力と能力のレベルを考慮して実践的に実施することに加え、働きやすい環境の整備が不可欠であろう。働きやすい環境とは、設備・情報・人材管理体制等であり、さらに「チームワーク」「安定した家庭環境」などがそろっていることが重要だ。

　昔から「教育の効果測定は難しく永遠のテーマだ」といわれるが、目先の利益のみを優先するのではなく、中・長期の成果向上をめざして社員の能力を計画的に育成し、その能力を仕事成果に積極的に結びつけていこうとする組織としての姿勢が重要だ。そして、教育の成果を引き出す中核となる管理監督者の教育と適正な任用が求められよう。仕事ができる、成果が上がっているという側面だけで管理監督者を任用するのではなく、管理適性を重視した登用を心がけるべきであろう。

　これらの諸点は短期的即物的に整備できるものではない。人間は環境の中で育つものである。ふさわしい環境を整備し、機会を与え経験させ、考える力を養うことが社会的教育であろう。

　これからの「家庭教育」、「学校教育」、「企業内教育」に共通した内容はお互いがお互いを認め合う、尊重しあう心と実践ということがいえよう。そしてその能力を発揮しやすい環境の整備が重要といえよう。

　家庭環境がしっかりとしていなければ、能力を発揮し成果を上げることも難しい。いくら能力・実力が高くても家庭でトラブル続きでは安心して仕事にも取り組めまい。社会人としての良識をしっかり持った人間でなければ十分なチームワークも発揮されないだろう。

Ⅲ　子女教育支援による出生率の高揚

　国の経済成長が高まり一人ひとりの生活水準が向上すると、同時に教育水準も高まるため、子供1人を育てるコストが高くなる。また、医療も発展し子供の生存確率も高まり、子孫の存続のリスクが低下し、出生率を下げるといわれている。先進諸国、とくに日本、ドイツ、イタリア、スペインなどは出生率の低下が大きな問題となっている。しかし、少子・高齢化が進み人口減少が進めば社会保障のリスクも高まりGDPの低下にもつながっていく。このような循環を断ち切り、活性化のある社会を個人・企業・国が協力して構築していかなければならない。

　わが国の合計特殊出生率は2005年の1.26を底に若干持ち直しているとはいえ2009年は1.37と依然低い数値となっている（**図表6参照**）。韓国（2009年1.15）を上回ってはいるが先進諸国の中ではイタリアと同程度の低い数値となっている。

　企業や個人だけの努力では限界があろう。オランダのように国としてどのようなビジョンのもとに政策を実行していくのかといった具体策を示していくことが必要だろう。

　わが国では平成17年から人口がマイナスに転嫁し始めた。明治以降の人口動態をみると第二次世界大戦終結の1945年に戦争による自然増加率がマイナスを記録したのが初めてであったが、今回の人口減は構造的なものであり、今後さらに人口減が進むことが予測されている。これからは高齢化が加速する中での人口減少であり、さまざまな面で問題や軋轢が発生してきている。

　少子化に加えてわが国では急速な高齢化が進んできた。国の総人口に占める高齢者（65歳以上）人口の割合が「7〜14％未満が高齢化社

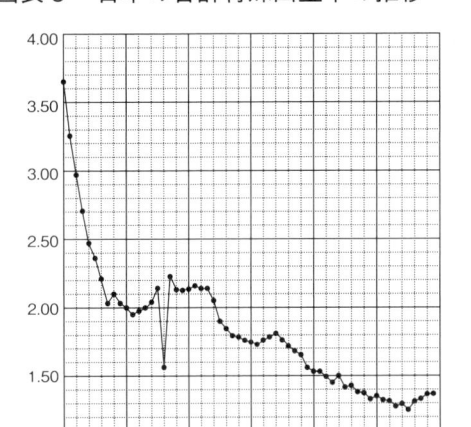

第5章　豊かな社会を創る人生要素（生活・家庭・教育）

図表6　日本の合計特殊出生率の推移

会」、「14～21％未満が高齢社会」、「21％以上が超高齢社会」と定義されているが、日本は、1970（昭和45）年に7％を超えると、その24年後の1994（平成6）年には14％に達している。2006年（平成18年）には20.8％となり（総務省の2007年11月1日の推計人口では、75歳以上の総人口に占める割合が10％を超えたことを発表）、また先進諸国の高齢化率を比較してみると、1980年代までは下位、90年代にはほぼ中位であったが、現在は超高齢社会に差しかかる世界に類を見ない水準に到達している（**図表7参照**）。

　高齢社会白書（平成15年版）では、次のように述べている。

　『先進諸国の高齢化率を比較してみると、わが国は1980年代までは下位、90年代にはほぼ中位であったが、21世紀初頭には最も高い水準となり、世界のどの国もこれまで経験したことのない本格的な高齢社会が到来するものと見込まれている。

　また、高齢化の速度について、高齢化率が7％を超えてからその倍の14％に達するまでの所要年数（倍化年数）によって比較すると、フランスが115年、スウェーデンが85年、比較的短いドイツが40年、イ

ギリスが47年であるのに対し、わが国は、1970（昭和45）年に7％を超えると、その24年後の1994（平成6）年には14％に達している。このように、わが国の高齢化は、世界に例をみない速度で進行している。』

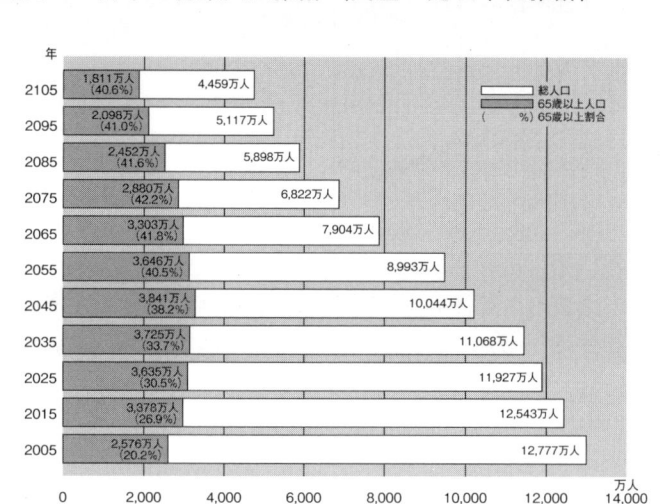

図表7　日本の将来人口推計（出生・死亡中位推計）

年	65歳以上人口	総人口
2105	1,811万人 (40.6%)	4,459万人
2095	2,098万人 (41.0%)	5,117万人
2085	2,452万人 (41.6%)	5,898万人
2075	2,880万人 (42.2%)	6,822万人
2065	3,303万人 (41.8%)	7,904万人
2055	3,646万人 (40.5%)	8,993万人
2045	3,841万人 (38.2%)	10,044万人
2035	3,725万人 (33.7%)	11,068万人
2025	3,635万人 (30.5%)	11,927万人
2015	3,378万人 (26.9%)	12,543万人
2005	2,576万人 (20.2%)	12,777万人

資料出所：国立社会保障・人口問題研究所：「日本の将来推計人口」2006年12月

このような状況の中でいかに少子化を食いとめていくかが喫緊の課題といえよう。

少子化の原因は多様であるが、おおむね、次の3つの環境改善が求められよう。

　　①安心して生める環境
　　②安心して育てられる環境
　　③安心して働ける環境

まず第1は「安心して生める環境」の整備であろう。

第5章　豊かな社会を創る人生要素（生活・家庭・教育）

1 雇用・収入面での改善

　非正規社員の増加と賃金格差の拡大は低賃金社員の増加をさらに進めている。国税庁の調査によると年収200万円以下が年々増加していることがわかる。このような低賃金では単身世帯でいる間は生活できても、結婚し子供を産み育てることはできない。結婚年齢も年々遅れてきており、平成21年では初婚年齢が夫は30.4歳、妻は28.6歳となっている（**図表8、9参照**）。

　なぜ晩婚化・未婚化が進んでいるのかの原因の第1は、結婚し子供を産み・育てる費用がまかなえないことによる。そのためには社会基盤の整備が求められよう。バラマキ行政ではなく計画的な対応が求められよう。

　国の政策だけでなく企業も社員の処遇の改善を図るべきであろう。利益のみを追求し株主配当を優先するのではなく、会社の維持・向上に向けて懸命に働く社員重視の姿勢を示すことが重要だ。そのためには格差型・差別型の雇用管理を改め、契約社員や派遣社員等の処遇を正社員と同等に改善することが重要である。

　少子化の進んでいる先進諸国の共通点としてあげられるものに、収入面だけでない。慶応大学の清家篤教授は次のように分析している。「伝統的な家族観、あるいは古い男女の役割分業観が強く残っている国だというふうにいわれています。簡単にいえば、結婚をしたら家事は主に妻が担当する。子供が生まれたら育児は主に母親が担当する。そういう考え方が強く残っているのが、日本、ドイツ、イタリア、スペインといわれています。そういう国で、一方で経済が発展して女性が経済的に活躍できる範囲が広がってきますと、女性は結婚をした途端に多くの経済的機会を失う。男性は結婚をしても何も失うものがない。子供が生まれても仕事に差し支えないのですが、女性の場合には結婚をすると今までと同じように仕事ができなくなってしまう。子供

表8　民間企業に働く人の年収階級別推移

	区分		平成17年分		平成18年分		平成19年分		平成20年分		平成21年分	
			千人	%	千人	%	千人	%	千人	%	千人	%
男	100万円以下		681	2.5	728	2.7	738	2.7	820	2.9	834	3.1
	100万円超	200万円以下	1,764	6.4	1,902	6.9	1,897	6.8	1,962	7.1	2,151	7.9
	200万円超	300万円以下	3,195	11.5	3,287	12.0	3,269	11.8	3,415	12.3	3,823	14.1
	300万円超	400万円以下	4,940	17.8	4,846	17.7	4,850	17.4	5,006	18.0	5,431	20.0
	400万円超	500万円以下	4,894	17.6	4,721	17.2	4,759	17.1	4,771	17.2	4,703	17.3
	500万円超	600万円以下	3,752	13.5	3,551	12.9	3,605	13.0	3,553	12.8	3,317	12.2
	600万円超	700万円以下	2,535	9.1	2,492	9.1	2,557	9.2	2,440	8.8	2,140	7.9
	700万円超	800万円以下	1,878	6.8	1,815	6.6	1,869	6.7	1,781	6.4	1,500	5.5
	800万円超	900万円以下	1,253	4.5	1,227	4.5	1,275	4.6	1,217	4.4	1,035	3.8
	900万円超	1,000万円以下	850	3.1	806	2.9	839	3.0	797	2.9	647	2.4
	1,000万円超	1,500万円以下	1,499	5.4	1,545	5.6	1,616	5.8	1,526	5.5	1,196	4.4
	1,500万円超	2,000万円以下	309	1.1	329	1.2	342	1.2	324	1.2	244	0.9
	2,000万円超	2,500万円以下	91	0.3	100	0.4	100	0.4	95	0.3	75	0.3
	2,500万円超		97	0.3	102	0.4	102	0.4	111	0.4	97	0.4
	計		27,739	100.0	27,452	100.0	27,819	100.0	27,818	100.0	27,193	100.0
女	100万円以下		2,874	16.7	2,876	16.5	2,924	16.6	3,011	16.7	3,155	17.7
	100万円超	200万円以下	4,493	26.1	4,721	27.1	4,764	27.1	4,881	27.0	4,859	27.2
	200万円超	300万円以下	3,909	22.7	3,893	22.4	3,926	22.3	4,105	22.7	4,077	22.8
	300万円超	400万円以下	2,774	16.1	2,716	15.6	2,744	15.6	2,765	15.3	2,717	15.2
	400万円超	500万円以下	1,495	8.7	1,529	8.8	1,554	8.8	1,529	8.5	1,460	8.2
	500万円超	600万円以下	767	4.5	762	4.4	780	4.4	794	4.4	757	4.2
	600万円超	700万円以下	340	2.0	367	2.1	375	2.1	371	2.1	324	1.8
	700万円超	800万円以下	207	1.2	187	1.1	193	1.1	211	1.2	194	1.1
	800万円超	900万円以下	111	0.6	102	0.6	105	0.6	131	0.7	113	0.6
	900万円超	1,000万円以下	75	0.4	75	0.4	76	0.4	78	0.4	63	0.4
	1,000万円超	1,500万円以下	104	0.6	109	0.6	112	0.6	130	0.7	108	0.6
	1,500万円超	2,000万円以下	26	0.2	35	0.5	34	0.2	30	0.2	24	0.1
	2,000万円超	2,500万円以下	11	0.1	12	0.1	11	0.1	8	0.0	7	0.0
	2,500万円超		12	0.1	9	0.1	9	0.0	10	0.1	7	0.0
	計		17,196	100.0	17,393	100.0	17,606	100.0	18,055	100.0	17,864	100.0
計	100万円以下		3,555	7.9	3,605	8.0	3,662	8.1	3,831	8.4	3,989	8.9
	100万円超	200万円以下	6,257	13.9	6,623	14.8	6,661	14.7	6,844	14.9	7,010	15.6
	200万円超	300万円以下	7,104	15.8	7,180	16.0	7,195	15.8	7,520	16.4	7,899	17.5
	300万円超	400万円以下	7,715	17.2	7,562	16.9	7,593	16.7	7,771	16.9	8,149	18.1
	400万円超	500万円以下	6,389	14.2	6,250	13.9	6,313	13.9	6,300	13.7	6,163	13.7
	500万円超	600万円以下	4,520	10.1	4,313	9.6	4,385	9.7	4,347	9.5	4,074	9.0
	600万円超	700万円以下	2,875	6.4	2,859	6.4	2,931	6.5	2,811	6.1	2,464	5.5
	700万円超	800万円以下	2,085	4.6	2,002	4.5	2,062	4.5	1,991	4.3	1,695	3.8
	800万円超	900万円以下	1,365	3.0	1,329	3.0	1,380	3.0	1,348	2.9	1,148	2.5
	900万円超	1,000万円以下	924	2.1	881	2.0	916	2.0	875	1.9	710	1.6
	1,000万円超	1,500万円以下	1,602	3.6	1,655	3.7	1,728	3.8	1,656	3.6	1,303	2.9
	1,500万円超	2,000万円以下	335	0.7	364	0.8	377	0.8	355	0.8	268	0.6
	2,000万円超	2,500万円以下	101	0.2	112	0.2	111	0.2	103	0.2	82	0.2
	2,500万円超		109	0.2	111	0.2	110	0.2	121	0.3	104	0.2
	合計		44,936	100.0	44,845	100.0	45,425	100.0	45,873	100.0	45,056	100.0

資料出所：国税庁「民間給与実態統計調査」平成21年

図表9　平均初婚年齢の年次推移

初婚	昭和45年	50年	55年	60年	平成2年	7年	12年	17年	19年	20年	21年
夫	26.9	27.0	27.8	28.2	28.4	28.5	28.8	29.8	30.1	30.2	30.4
妻	24.2	24.7	25.2	25.5	25.9	26.3	27.0	28	28.3	28.5	28.6

資料出所：厚生労働省「人口動態統計」

第5章　豊かな社会を創る人生要素（生活・家庭・教育）

が生まれたら、極端な場合、仕事さえ辞めなければいけないことになってしまうかもしれない。ということで、だんだん結婚そのものをする人が減ってくる。あるいは結婚をしても産み控えというものがでてくるということです。」

2 ジェンダーフリーの一層の推進

つまり、ジェンダーフリーを進めていくことが必要だ。**図表10**はISSP（国際社会調査）が実施した国際比較であるが、家事を手伝わない夫の割合が他国に比べて非常に多い。家事は妻に任せっきりで、妻の負担が過多となっていることがうかがえる。近年は妻も働く世帯が非常に多くなっているが、実情では子供を産み育てることが大変なことがわかろう。

夫婦協力して家庭を維持していくことも少子化防止には欠かせないことといえるだろう。

図表10　家事分担の国際比較（2002年）

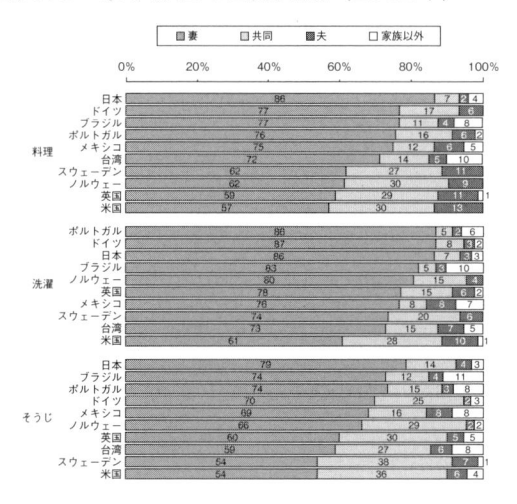

	料理		洗濯		そうじ	
		妻	共同	夫	家族以外	

料理	妻	共同	夫	家族以外
日本	86	7	2	4
ドイツ	77	17	6	
ブラジル	77	11	4	8
ポルトガル	76	16	6	2
メキシコ	75	12	6	5
台湾	72	14	5	10
スウェーデン	62	27	11	
ノルウェー	62	30	9	
英国	59	29	11	1
米国	57	30	13	

洗濯	妻	共同	夫	家族以外
ポルトガル	86	5	2	6
ドイツ	87	8	3	2
日本	86	7	3	3
ブラジル	83			
ノルウェー	80	15	4	
英国	78	15	6	
メキシコ	76	8	6	7
スウェーデン	74	20	6	
台湾	73	15	7	5
米国	61	28	10	1

そうじ	妻	共同	夫	家族以外
日本	79	14	4	3
ブラジル	74	12	4	11
ポルトガル	74	15	3	8
ドイツ	70	25	2	3
メキシコ	69	16	8	8
ノルウェー	66	29	2	2
英国	60	30	8	
台湾	59	27	6	8
スウェーデン	54	38	7	1
米国	54	36	6	4

（注）ISSPが2002年に実施した「家庭と男女の役割」調査による。有配偶者への問。妻は多い順。
（資料）NHK放送文化研究所世論調査部編「崩食と放食」（生活人新書）

少子化の大きな原因の一つに未婚化・晩婚化があげられるが、背景には若年層の就職が非常に厳しい状況が続いていることをあげることができる。

3 若者の雇用の安定化

　2011年卒業者の就職内定率は2010年10月時点で大卒が57.6％、短大卒が22.5％となっており大学等全体（高等専門学校を含む）では56.0％となっている（文部科学省および厚生労働省発表）。これはバブル崩壊後の2000年初め頃の就職氷河期と呼ばれた時期よりもさらに厳しい状況であり、最近では「新就職氷河期」などといわれている。最近では就職活動は4年生大学では3年生の6月頃から、短大では1年生の初め頃から始まっている。さらに就職内定をえることが難しいと感じた学生の中には就職浪人とならぬよう留年して次年に期待を寄せる者や、大学院への進学をする者もいるようだ。まさに大学等は学問をする場所というよりは就職のための機関と化している。

　1952年にいわゆる「青田買い」防止のため文部・労働省の両事務次官通達の形で就職期日の指針が示され、翌年には就職協定は合意されたが、1962年に日経連は就職協定廃止を宣言、1972年に復活したが1996年に再度廃止されて今日に至っている。あまりの青田買いの氾濫に最近は就職協定を復活すべしとの意見も出ている。

　このような青田買いの中でも学生が「新卒入社」にこだわるのは、就職浪人や第二新卒、中途採用がその後の処遇やキャリアパスに大きなハンディーとなると感じているからであろう。希望を抱いて社会に巣立つ若者がスタートから挫折してしまわぬよう、企業・労組・政府が一体となって早急に取り組むべきであろう。若年層が安定的に雇用され、結婚して子どもが産まれる。それが消費の拡大につながり、そこから経済成長が生まれて税収が増える。そのような好循環を実現するためにフェアーで恒常的な施策を実施するべきだ。

第5章 豊かな社会を創る人生要素（生活・家庭・教育）

　前述の契約社員や派遣社員などの非正規社員の雇用条件の改善および若者の雇用確保によって安定的な生活の基盤を整備することは、必ず社会全体にプラスとなろう。

　ライフサイクルの側面から考えても遅くとも夫28歳までには結婚をしておくことが望ましいといえよう。28歳で結婚しても第3子（少子化を食い止めるには子供は3人以上必要である）が仮に大学まで進学したとするならば夫は55歳、結婚をするのは夫が61歳となってしまう**（図表11参照）**。

図表11　子育てを考えたライフサイクル

年齢	夫	第1子	第2子	第3子
28歳	結婚			
29歳				
30歳		誕生		
31歳				
32歳			誕生	
33歳				
34歳		幼稚園入園		誕生
35歳				
36歳		小学校入学	幼稚園入園	
37歳				
38歳			小学校入学	幼稚園入園
39歳				
40歳				小学校入学
41歳				
42歳		中学校入学		
43歳				
44歳			中学校入学	
45歳		高校入学		
46歳				中学校入学
47歳			高校入学	
48歳		（大学入学）		
49歳				高校入学
50歳			（大学入学）	
51歳		（大学卒業）		
52歳				（大学入学）
53歳			（大学卒業）	
54歳				
55歳				（大学卒業）
56歳				
57歳		結婚		
58歳				
59歳			結婚	
60歳				
61歳				結婚
62歳				
63歳				
64歳				
65歳				

4 安心して育てられる環境の整備

　少子化対策としての第2は「安心して育てられる環境」の整備であろう。

　結婚し子供を出産しても安心して育てる環境が整備されていなければ、安心して子供を産むこともできない。出産しても核家族化の今日においては親の協力をえるのは難しく、夫婦で子育てをしなければならない。共働きをしようとしても託児所は不足しており民間の託児所の場合は費用も高い。運よく託児所に入れたとしても、毎日の送り迎えのために会社の勤務態勢にハンディーが生じると職場の同僚にも遠慮がちとならざるをえない。昇進や昇格、昇給にもハンディーが生じる。昇進や昇格が遅れると企業内の教育やキャリアパスにも影響し格差はますます拡大することになる。

　育児休業法が制定されたのは1991年、その後1998年には介護休業が、2005年には子の看護休暇が制度化されるなど、仕事と家庭の両立支援制度が充実されてきて、2010年6月30日には改正育児・介護休業法が一部を除き施行された。2010年の改正では

　　1．子育て期の短時間勤務制度の義務化
　　2．子育て期の所定外労働の免除の義務化
　　3．子の看護休暇の拡充

などに加え、父親も子育てができる働き方を実現するため、男性の育児休業を取得しやすくするための施策として

　　1．「パパ・ママ育休プラス」の創設
　　2．父親が子の出生後8週間以内に育児休業を取得した場合、2度目の育児休業も取得可能
　　3．労使協定による専業主婦（夫）除外の規定の廃止

などを盛り込んだ。

　その結果女性の休暇取得は進んだが男性の取得は依然少なく（1％

台)、その促進に向けて育児休暇を取得する男性を「イクメン」と呼ぶなどしてPRしている。

さらに、政府は2010年1月に「子ども・子育て新システム検討会議」を立ち上げ、2009年12月8日閣議決定された"明日の安心と成長のための緊急経済対策"に基づき、2010年6月25日に新システムの基本制度案要綱をとりまとめ、少子化社会対策会議、行政刷新会議および成長戦略策定会議に報告した。

この基本制度案は、以下のような社会を実現することを目的としている。

① すべての子どもへの良質な成育環境を保障し、子どもを大切にする社会
② 出産・子育て・就労の希望がかなう社会
③ 仕事と家庭の両立支援で、充実した生活ができる社会
④ 新しい雇用の創出と、女性の就業促進で活力ある社会

そして、以下の方針のもとに、制度を構築していくとしている。

① 子ども・子育てを社会全体で支援
② 利用者(子どもと子育て家庭)本位を基本とし、すべての子ども・子育て家庭に必要な良質のサービスを提供
③ 地域主権を前提とした住民の多様なニーズに応えるサービスの実現
④ 政府の推進体制の一元化

新システムの財源や実現に向けてのポイントは、次のようなものである(**図表12参照**)。

① 政府の推進体制・財源の一元化
② 社会全体(国・地方・事業主・個人)による費用負担
③ 基礎自治体(市町村)の重視
④ 幼稚園・保育所の一体化
⑤ 多様な保育サービスの提供

図表12　制度設計のイメージ

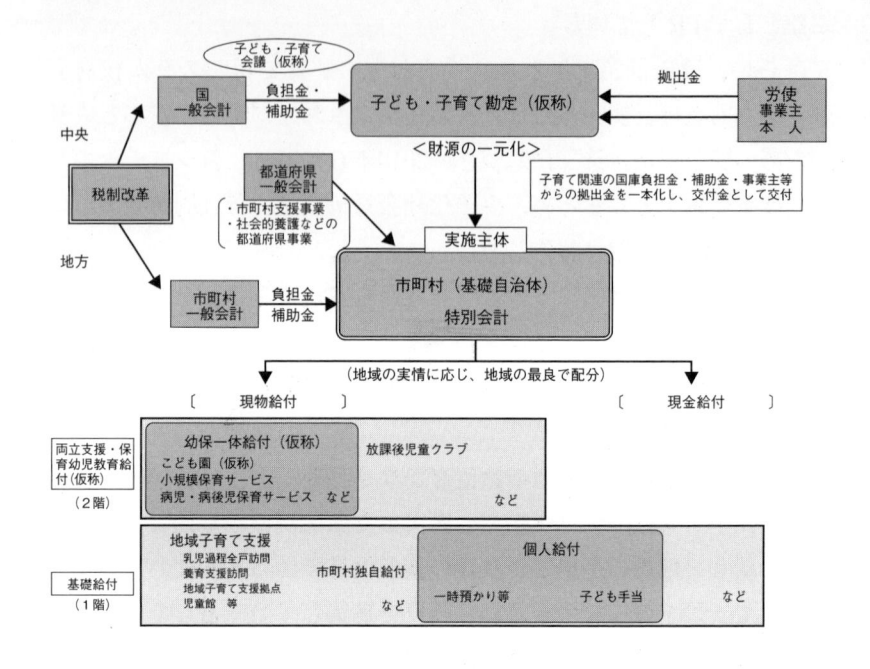

⑥　ワーク・ライフ・バランスの実現

　安心して育てられる環境づくりは、企業や国の施策に頼るだけでなく、個々人の意識改革と行動の実践が不可欠である。ちなみに、AFP（フランス通信社）は2010年1月21日に韓国のソウル発として、次のようなニュースを発表した。

　『韓国で出産率低下への対策を進めている保健福祉家族省は20日、職員の帰宅を早め子づくりに励んでもらおうと、毎月第3水曜は午後7時半に職場の照明を消すことにしたと発表した。ただし、緊急の仕事がある職員は免除されるという。このプロジェクトの責任者はAFPに対し、「早く帰宅することと子どもがたくさん生まれることとは直接的な関係はないかもしれないが、完全に無関係とはいい切れないはずだ」と語った。

第5章　豊かな社会を創る人生要素（生活・家庭・教育）

韓国では高齢化が進む一方で、出生率の低下が問題になっている。韓国の合計特殊出生率は、2008年には世界最低水準の1.19となり、今後10年以内に人口が減少に転じることが懸念されている。

韓国保健福祉家族省の既婚職員の子どもの数は平均1.63人と全公務員の平均値1.82を下回る状況にあり、同省はこの数字を2.0まで上げたいとしている。』

効果のほどは推移を見守るしかないが、日本企業もいろいろなプランを検討し組織を上げて取り組むことが必要と考える。

5 安心して働ける環境

少子化対策の第3の柱は「安心して働ける環境」の整備であろう。

まず、時間管理がしっかりしていることである。日本は先進諸国では時間外割増率が低いが、そのために残業が常態化している。残業は本来緊急の場合にのみ行われるべきで、労組もしくは社員代表と36協定を締結して行わなければならず厚労省の限度に関する基準も示されているが、特別条件付き協定により事実上野放し状態となっている。2009年の労基法の改正で月60時間を超える残業は50％の割り増し率とされたが、過度の仕事量を指示されて毎日残業では、家庭崩壊につながるだけでなく自己啓発の時間もとれず仕事の多様化・高度化・マルチ化のスピードにも追いついていけなくなってしまう。このことはワークライフバランスの面からもしっかりと取り組むべきことであろう。

いつ雇用契約が打ち切られるかもしれない、いつリストラが行われるかもしれないといった状況の中では、安心して働くことはできない。

一定の収入が確保できることも必要であろう。成果主義の名の下に低賃金の社員が多い職場では殺伐とした雰囲気となってしまう。残業をしなければ、共働きをしなければ最低生計費に届かないような企業

では安心して働くことができないばかりか、折りあらば転職したいといった意識となることもいたしかたあるまい。誰でもが健康で文化的な最低限度以上の賃金水準は確保できるような賃金体系の整備が求められる。

　一定の収入が確保されたとしても、企業や職場での不適切な管理が原因で心身の病を引き起こす「メンタルヘルス」の対応は喫緊の課題といえよう。厚労省の「職場におけるメンタルヘルス対策検討会」の報告書（平成22年9月）では、次のような現状を指摘している。

　〇年間3万人を超える自殺者のうち、28％が「被雇用者・勤め人」となっており、「勤務問題」を自殺の原因の一つとする者は約2,500人となっている（H21）。

　〇「自殺・うつ病等対策プロジェクトチーム報告」（H22.5厚生労働省）において、職場におけるメンタルヘルス対策が重点の1つとされ、メンタルヘルス不調者の把握と把握後の適切な対応について検討することとされた。

　〇精神障害等による労災認定件数は、127件（H17）から234件（H21）に増加している。

　〇メンタルヘルス対策に取り組んでいる事業所の割合は34％に留まっている（H19）。

急速に変化する職場環境の中で、人間関係の問題も含めて誰でもが心身の病を引き起こす危険がある。メンタルヘルス不調には、とくに医療関係者以外の者に知られたくないという要素があり、個人情報の保護に慎重な対応が必要とされる。この対策に当っては適正なワークルールの徹底に加え、とくに管理監督者の任用基準や教育の徹底が求められる。

　企業においては本人の意志や適性とは異なる職場に配置され仕事を行わなければならないことも少なくない。本人の意に沿わない仕事を行うことは苦痛であろう。上司や周りからの動機づけやサポートが行

第5章　豊かな社会を創る人生要素（生活・家庭・教育）

われ、適正な評価とフィードバックを行うことが重要である。できるならば本人の努力や実力に応じた仕事・目標が与えられ、チャンスが公平に与えられることが望ましい。また、上司との面接など適切なコミュニケーションがしっかりと行われることが重要だ。

　人は誰でもが「認められたい」、「向上したい」、「よい成果を上げたい」という欲求があるものである。環境変化に対応した教育や技術・技能向上の教育のチャンスが誰にでも公平に与えられることが必要だ。教育のチャンスも与えずに成果主義を押しつければ不公平感が蔓延することになろう。職場の上司は管理のプロでなければならない。管理とは仕事の指示をしたり目標達成のために鞭を振るうことではなく、働きやすい環境をつくり、職場を活性化し、社員の力量をしっかりと見きわめ、指導・育成を徹底して、組織としての成果を向上していくことであろう。ある調査によると理想の上司像は

1位　「仕事の内容をよく知っている」
2位　「仕事の指示が明確」
3位　「自分と考えが違う部下の話もよく聞いてくれる」
4位　「仕事の失敗をしっかりフォローしてくれる」
5位　「業績を正当に評価してくれる」

となっていた。教育はOff-JTだけでなく職場における上司のOJTこそが重要といえよう。

　健康でいつまでも活動できる体力の維持は本人にとっても組織にとっても大切なことであろう。いくら能力・実力があっても健康を害しては仕事を続けることは困難となる。

　病気などで長期の休業を余儀なくされた社員や、女性が出産などのために職場を離れていたような場合、職場復帰には不安がつきまとうものである。復職支援プログラムがしっかりと行っている企業では社員の安心感も増している。

　仕事を遂行する中でストレスはつきものである。ストレスも本人の

刺激となってよい方向に作用するケースもあるが、過度なストレスが続くと心の病に至ることも少なくない。現代においては誰でもが心の病を引き起こす危険を秘めているといわれている。うつ病等の心の病を引き起こせば本人はもとより家庭も職場も大きな負担を背負わなければならない。そのためのメンタルヘルス対策の充実が求められる。

第6章

chapter 6

人材社会学を整備する人材システムのあり方

日本賃金研究センター
主任アドバイザー 武内 崇夫

Ⅰ. 定昇制度の確立…働きがいある賃金政策、賃金制度の整備

1 人材社会学を整備する賃金政策のあり方

　仕事と生活の調和（ワークライフバランス）を実現し、人材の価値を高めていくためには、改めて賃金の本質を見つめた決定がなされる必要がある。近年ともすると人件費管理の側面が強く、賃金の本質を忘れた決定がなされている傾向が強い。人材には労働者の側面とともに、社会人、家庭人としての側面を持つ。賃金は本来、社会性の強いもので、企業の支払い能力だけで決めるものではない。

　今後の賃金決定に当たっては、企業の支払い能力という側面のみならず、社会的側面、とくに生活の保障を重視した人材社会学の側面からの政策の確立が必要である。生活の安定があってこそ、人材の育成や成長、意欲の高揚が可能なのであって、生活が不安定では人材の価値を高めることはできない。

　賃金は労働またはその担い手としての労働力の対価であり、人間の値段ではない。人材の値段である。すなわち人間の一部である労働または労働力の値段である。公正な賃金決定とは労働対価、生活保障の２大原則を踏まえたものでなければならない。働きに見合う賃金であると同時に、一定の生活が保障されているものが賃金決定の基本である。どちらがかけても公正な賃金決定とはいえない。労働対価と生活保障の２つの原則を賃金決定の基本とすることで、働きがいある労働と豊かな生活の実現が可能となる。

　働きがいは自己の成長によって達成される。人材の成長を支援するには、公正な賃金決定システムが確立される必要がある。具体的には賃金制度、賃金表を整備し、定昇制度を確立することである。

第6章　人材社会学を整備する人材システムのあり方

　また、人材社会学を整備するうえでの賃金政策で重要な点は、高齢化が進展し、雇用の多様化が一般化する労働市場を念頭に置いて、公正な賃金決定をめざす必要がある。今後、労使はワークライフバランスの実現に向けて、社会、生活の側面を踏まえた賃金政策のあり方を検討しなければならない。

2 賃金表の整備

　賃金は労働またはその担い手としての労働力の価格であり、公正に取り引きするには価格表、値段表が必要である。物やサービスが取り引きされるときには、必ず値段が介在する。値段表がなければ、安心して取り引きすることはできない。労働または労働力の取り引きである賃金もまったく同じであり、価格表が必要となる。価格表がなければ、恣意的な賃金決定となり、多くの矛盾や不満を生むことになる。

　労働または労働力には質、量の違い、すなわち職種や熟練度といった違いがあり、これを銘柄という。公正な賃金決定を行うためには、銘柄を考慮した賃金決定が必要である。銘柄を指定した賃金を個別賃金という。したがって、値段表は個別賃金の一覧表として示されなければならない。労働または労働力の値段表である個別賃金表を一般に賃金表と呼ぶ。

　労使関係とは労働または労働力の取引き関係であり、賃金表は労使の接点として大切である。厚生労働省の調査によると、管理職で68.4％、管理職以外で69.9％の企業に賃金表がある。ほぼ7割の企業で賃金表による賃金決定が行われている。しかし、3割の企業においては賃金表がない状態での賃金決定が行われている。一般職（管理職以外）を規模別にみると1,000人では91.9％の企業に賃金表があり、ない企業は7.6％にすぎない。300人〜999人の中堅企業においても86.3％に賃金表があり、賃金表のない企業は13.4％にすぎない。300人以上企業においては、ほとんどの企業に賃金表がある一方、99人以下の企

図表1　基本給賃金表の有無

(単位：%)

規模計	管理職（計＝100）		管理職以外（計＝100）	
	賃金表がある	賃金表がない	賃金表がある	賃金表がない
調査計	68.4	30.0	69.9	28.8
1,000人以上	88.9	10.5	91.9	7.6
100〜999人	78.5	20.8	80.7	18.5
300〜999人	84.1	15.6	86.3	13.4
100〜299人	76.8	22.4	79.0	20.0
30〜99人	64.1	34.0	59.0	32.9

資料出所：厚生労働省「就労条件総合調査」(2009年)
（注）不明があるため、有無の合計は100にならない。

業で賃金表があるのは約6割にとどまっている（**図表1参照**）。

　中小企業おいても今後、賃金制度の整備と賃金表の導入を図っていく必要がある。賃金制度や賃金表の整備がなされなければ、働きがいのある職場や豊かな生活を実現することはできない。

　賃金表を整備するためには、まず何を基準に賃金を決めるか、銘柄基準の選択、賃金体系が必要となる。銘柄についた値段が賃金水準となる。銘柄の違いによる格差が賃金格差である。賃金にとって大切なのは、仕組み、高さ、格差の3点であるが、賃金表は賃金決定の3条件を具体化したものであり、公正な賃金決定のためには、賃金表の整備は不可欠な要件となる（**図表2参照**）。

　賃金表を作成するためには、何を基準に賃金を決めるか、賃金体系を整備し、賃金の高さがどうあるべきか、賃金水準のあり方を検討し、銘柄の違いによる格差をどのように展開するか、労使による協議が必要となる。

　今日、賃金体系、賃金水準、賃金格差すなわち個別賃金は、大きな変革の時期ある。なぜなら、賃金決定を取り巻く環境の構造改革が進んでいるからである。労働市場、生産技術ならびに生活などあらゆる

図表2　賃金表の例

（単位：万円）

主任	熟練度		
	Ⅰ	30.0	体系
	Ⅱ	31.0	
	Ⅲ	32.5	水準
	Ⅳ	33.7	
	Ⅴ	34.5	格差

面で構造改革が進んでいる。このような下で、最も適切な賃金体系、賃金水準、賃金格差のあり方を検討し、賃金表として整備していくことが、公正な賃金決定の要件となる。それは、仕事と生活の調和を図るうえで絶対の条件となる。

3 賃金表をベースとして個人別賃金が決まる

　賃金表をベースに、一人ひとりの銘柄すなわち労働や労働力を見つめて賃金が決まる。一人ひとりの賃金を個人別賃金という。賃金表は1枚だが、個人別賃金は社員の数だけ存在することになる。このとき重要な点は、銘柄が正しく評価されなければ個人別賃金は公平な決定とならない。人事制度、特に評価が公正に行われることが条件となる。賃金体系、賃金表の整備のみならず、評価制度の整備が重要である。

　　　〔賃金表＝ベース〕 ──────▶ 個人別賃金

　賃金表（ベース）は毎年3月に労使の交渉（取引き＝Collective bargaining）で決まる。決まった賃金表は4月から翌年の3月末まで1年間有効となる。有効期間の切れる3月に、4月からの賃金をどうするか、労使の交渉が行われる。これが一般に春闘といわれる、春の賃金交渉である。

4 ベアと定昇の区分

　労使による賃金交渉で、現在の賃金表（ベース）を改定（アップ）することが決まれば、これがベースアップ、略してベアとなる。これとは別に、個人別賃金が銘柄の向上によって、賃金表の中で制度的にプロモートするものが昇給である。そのうち、定期的に行われるものが定昇となる。ベアも昇給も個人別賃金を引き上げるが、その性格は全く異なる。ベアは賃金表の改定であるから、個別賃金の問題であり、昇給は個人別賃金の問題である。これからの賃金決定においては、ベアと昇給をはっきり区別していくことが大切である。賃金表がない場合、ベア、定昇の区別はつかない。両者をはっきり区別した賃金決定を行うためには賃金表が必要である。

　　　⎡　ベア――――個別賃金の問題
　　　⎣　定昇――――個人別賃金の問題

　ベアゼロすなわち賃金表の改定見送りでも定昇は制度として行われることが必要である。なぜなら、1年間で銘柄は成長しており、実施しなければ賃下げとなる。定昇は個人別賃金を上げる。したがって、1人当たり賃金としての平均賃金も上がる。しかし、定昇が行われてもベアが行われない限り、賃金表は元のままであり、賃金水準を1円も上げない。賃金水準は個別賃金（賃金表）の問題であり、個人別賃金、平均賃金を指すものではないからである。**図表3**でみるように、ベアと昇給ないし定昇は性格も機能も全く異なる。両者をはっきり区別した賃金決定を行うためには賃金表の整備が必要である。

　定昇は生涯労働、生涯生活を成長させる人材投資の安定部分である。まず、これを明確にし、大切にすることが重要である。なぜなら、人材が育たなければ、明日の経済、経営はもとより、社会の発展はありえないからである。定昇は人材の成長、人材の定着、意欲の高揚、労使関係の安定、企業への帰属意識の醸成および生活の安定に果

図表3　ベアと昇給ないし定昇の性格と機能

基　準	ベア	昇給ないし定昇
対　象	全　体	個　人
要　素	生計費、生産性	仕事、能力、年齢
構　造	水準（ライフレベル）	格差（ライフサイクル）
運　用	交　渉	制　度
期　限	4　月	年1回労使があらかじめ決定した時期
査　定	無	有
表　示	率（％）	額（円）
性　格	社会性	企業性

図表4　定昇見送りは賃下げ

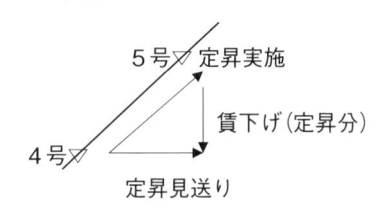

```
        5号／定昇実施
          ／│
         ／ │賃下げ（定昇分）
        ／  ↓
     4号／
       定昇見送り
```

たしてきた役割は大きいものがある。近年、定昇は人件費を上昇させるとして、短絡的に廃止する例も見られるが、定昇は廃止してはならない。人材の価値を高め、労働と生活の調和を実現するためにも、定昇は堅持するべきである。

　また、労働組合は賃金交渉において、定昇を賃金カーブの維持、賃金体系の維持あるいは賃金構造の維持などと表現して、定昇を曖昧にしている。賃金カーブや賃金体系の維持は定昇ではない。賃金表のない労働組合への配慮からであろうが、これでは賃金交渉を弱めてしまう。定昇の重要性を理解し、なんとしても労働組合は賃金制度、賃金表の整備を交渉によって実現するべきである（**図表4参照**）。

5 賃金体系の確立

　賃金表を作成し公正な賃金決定を行うためには、まず、賃金体系を確立することが必要である。賃金体系を確立することなしには賃金表を作成することはできない。何を基準に賃金を決めるか、それは労使の選択による。賃金は労働または労働力の価格であるから、**図表5**でみるように、人の価値すなわち労働力の価値で決める能力主義と仕事の価値で決める成果主義の2つがある。

　社員の成長に視点をおく日本型雇用システムにおいては、能力主義が最適である。成果主義は人材の活用を主眼とするもので、少なくとも人材の成長期には適さない。社員として採用し、社内で人材の育成と活用を図る仕組みの日本においては、能力主義が基本となる。

　基本給のメインは、したがって、職務遂行能力の成長に応じた賃金としての職能給となる。これまでも、これからも基本給のメインは職能給でなければならない。職務遂行能力は企業が期待する人材像として、成長段階ごとに職能資格制度として明示される。

　職能給を設計するためには、人事制度としての職能資格制度の導入が必要となる。

図表5　能力主義賃金と成果主義賃金

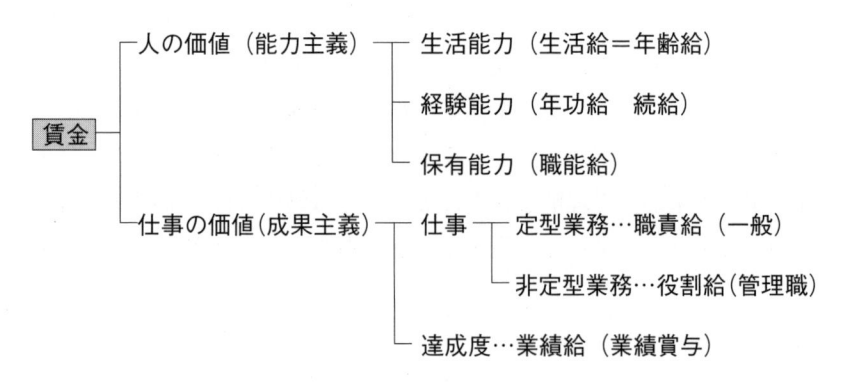

```
              ┌ 人の価値（能力主義）┬ 生活能力（生活給＝年齢給）
              │                    ├ 経験能力（年功給　続給）
              │                    └ 保有能力（職能給）
 賃金 ────────┤
              │                     ┌ 仕事 ┬ 定型業務…職責給（一般）
              └ 仕事の価値(成果主義)┤      └ 非定型業務…役割給(管理職)
                                    └ 達成度…業績給（業績賞与）
```

第6章 人材社会学を整備する人材システムのあり方

　職能給は、Ⅰ等級はいくらから始まり（初号賃金）、いくらまで（上限賃金）というように、等級別のスケールとして設定される。仕事や能力が高まり、等級が上がり昇格すると昇給が行われる。これを昇格昇給という。同じ等級の中でも習熟の深まり、広がりに応じて昇給が行われる。これを習熟昇給という。このように職能給は昇格昇給と習熟昇給の２つの昇給項目で構成される賃金となる（**図表６参照**）。

```
基本給──職能給─┬─昇格昇給（仕事や能力の高まり）…定昇でない昇給
　　　　　　　　└─習熟昇給（習熟の深まり，広がり）…「定昇」
```

　習熟昇給は毎年実施されるから定昇となる。しかし、昇格は毎年行われるわけではないから、定昇でない昇給となる。実際の導入に当たって大切な点は、昇格昇給と習熟昇給の割合である。昇格昇給を大きくすると習熟昇給が小さくなり、定昇の小さい、格差型の厳しい賃金となり、職務給の考え方に近づく。逆に、習熟昇給を大きくすると、昇格昇給は小さくなり、定昇の大きな、格差のない甘い賃金となり、年功給に近づく。職能給が能力に応じた賃金として設定されるからには、下位等級の上限賃金と上等級の初号賃金が接続するタイプの職能給が望ましい。

図表６　職能給の型

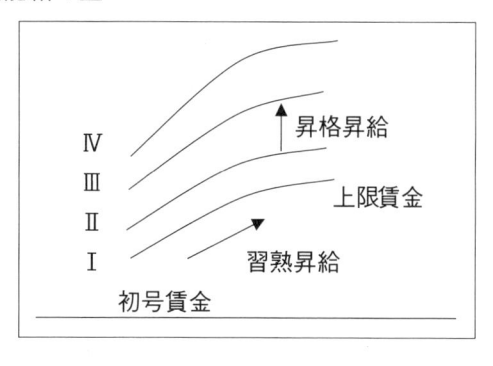

```
        ┌─────────────────────────────┐
        │                              │
        │              ↑ 昇格昇給       │
        │   Ⅳ                          │
        │   Ⅲ              上限賃金     │
        │   Ⅱ         ↘                │
        │   Ⅰ         習熟昇給          │
        │  ──────────────              │
        │      初号賃金                 │
        └─────────────────────────────┘
```

基本給は職能給だけでは完結しない。職能給は同じ能力であれば同じ賃金となる。しかし、年齢によって明らかに生計費は異なる。職能給だけでは生活の安定は図れない。世帯形成が不安定となり、出生率はますます低下する。出生率を高め、少子化に歯止めをかけるためにも、同じ能力でも同じ生活が保障される同一能力同一実質賃金を実現する必要がある。同一労働同一実質賃金を実現するためには、誰でも一定の生活が可能な世帯最低生計費（ミニマム）をカバーする生活給に職能給を乗せる組み立てをするべきである。

　生活給への配慮のない基本給は欠陥品であり、人材社会学からは許されない。ただ、実際には扶養家族を有するものと有しないものがあり、扶養家族を有するものを対象とする家族手当と共通生活給の年齢給に分かれる。年齢給は生活給であって、年功給ではない。勤続要素の年功給は廃止するべきだが、生活給としての年齢給は今後とも必要であり、廃止してはならない（**図表7参照**）。

図表7　生活給の上に職能給を乗せる（同一職能同一実質賃金）

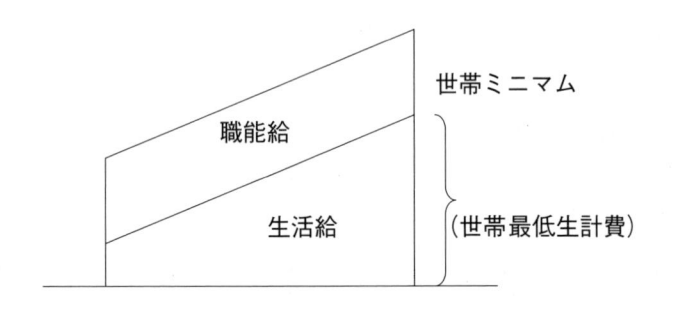

職能給
生活給
世帯ミニマム
（世帯最低生計費）

　職能給をメインとする賃金体系は基本給が労働対価としての職能給と生活保障の年齢給の2つで構成される。このように人材の価値を重視する賃金体系は要素別決定が条件となる。労働対価と生活保障を区別しない総合決定給や労働対価の側面だけの賃金は公正な賃金体系と

はいえない。

　基本給のほかに特定の条件に該当する者を対象とする手当がある。全員が対象となる基本的賃金の基本給を充実し、手当は簡素化するべきである。今日的には生活関連手当の家族手当と部下付き合い料としての役付手当、部下を持ちかつ時間外手当の適用除外者が対象となる管理職手当が必要と思われる。手当は少なければ少ないほうがよい。手当の種類が多い賃金体系は、基本給を脆弱にし、水準の低下をもたらす点で望ましいものではない。

図表8　基盤をなす賃金体系

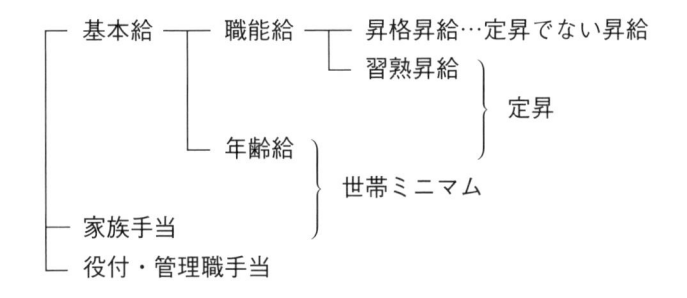

```
基本給 ─┬─ 職能給 ─┬─ 昇格昇給…定昇でない昇給
        │          └─ 習熟昇給 ┐
        │                      ├ 定昇
        └─ 年齢給              ┘
                    世帯ミニマム
家族手当
役付・管理職手当
```

6　スキルステージ別の賃金体系

　図表8でみるように、これからの賃金体系は、基本給を職能給と年齢給で構成し、これに家族手当と役付・管理職手当を加えた形が基本となる。人材の成長期、生活の形成期の40歳までは職能給と年齢給がスキルに該当した基本給として望ましい。40歳を過ぎると、人材の活用期に入る。人材活用期になると、労働対価としての仕事に対応した賃金が必要になる。また、この頃になると、賃金水準は最低生計費を越えるレベルに到達し、年齢給の役割が終了する。40歳以上には年齢給は不要になる。そこで、年齢給を役割給に組み替える。さらに、定

年を廃止し、60歳代の継続雇用を促進するためには、賃金は能力、生活基準から100％仕事基準に転換する必要がある（**図表９参照**）。

このように、人材の育成と活用を図り、かつ高齢化に対応していくには、賃金体系はスキルステージ別に基準やウエイトを変えながら設定される必要がある。このようなステージ別の賃金体系を導入するためには、今日における賃金の喫緊の課題である中だるみの解消と賃金カーブの修正を同時に解決していかねばならない。

図表９　スキルステージ別賃金体系

項　目	賃金体系	First-Skill 20歳〜	Semi-Skill 30歳〜	Skill 40歳〜	Hi-Skill 50歳〜	Hi-Skill 60歳〜
生活主義	年齢給	◎	○	—	—	—
能力主義	職能給	○	◎	◎	○	—
成果主義	職責給	—	(△)	—	—	—
成果主義	役割給	—	—	○	◎	◎

7 定昇制度の確立

定昇は生涯労働、生涯生活を成長させるための人材投資であり、働きがいのある仕事、豊かな生活を実現するためには、定昇制度の確立は不可欠の要件となる。定昇制度の確立なしにはワークライフバランスは実現できない。

定昇は人件費を上昇させるとして、廃止する動きがあるが、定昇は内転原資であり、必ずしも年間の平均賃金を上昇させるものではない。定昇は一時的には平均賃金を上昇させるが、入離職による労務構成の変化によって、定昇は目減り（平均賃金の低下分）する。必ずしも人件費を上昇させるものではない。

第6章　人材社会学を整備する人材システムのあり方

　昇給には定期的なものと定期的ではないものがあるが、年齢や年数による昇給は定期的な昇給であり、定昇となる。一方、仕事や能力による昇給は定期的ではないから定昇でない昇給となる。したがって、定昇は昇給の一部であってすべてではない。

　賃金体系でみると年齢給や職能給の習熟昇給は年齢、年数に応じた昇給であるから定昇となる。職能給の昇格昇給、役職昇進に伴う昇進昇給、子供が増えることによる家族手当の増加などは定期的ではないから、定昇でない昇給となる。

　定昇制度の確立とは、賃金体系として年齢給、職能給（習熟昇給）を導入することに他ならない。仕事基準の職務給、職責給、役割給には定昇はない。まず、年齢や年数によって定期的に昇給する賃金体系を確立することが、人材の成長にとって重要である（**図表10参照**）。

　定昇制度が社会的なワークライフバランス実現の条件として確立するためには、政府がライフサイクルビジョンを策定し、望ましい生活の姿を示す必要がある。これによって、定昇の果たすべき役割と重要性が明確になると同時に、人材の社会的使命である生活、家庭、教育、福祉の改善が図られことになる。

図表10　昇給の内訳

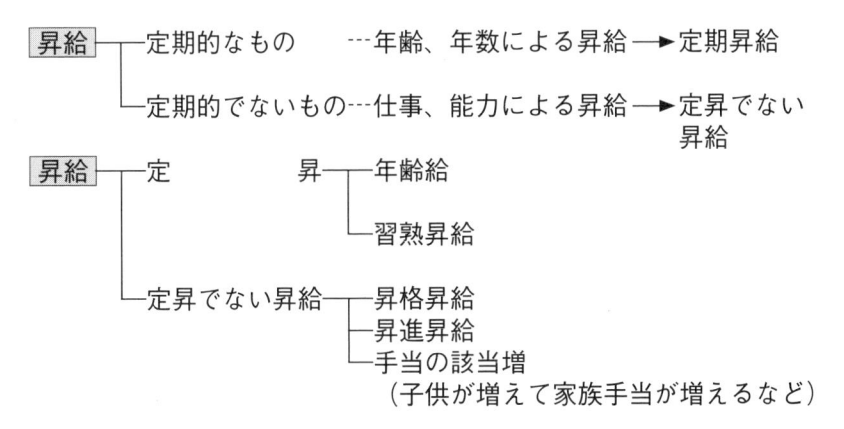

```
｜昇給｜─┬─定期的なもの　　　…年齢、年数による昇給 → 定期昇給
　　　　└─定期的でないもの…仕事、能力による昇給 → 定昇でない昇給

｜昇給｜─┬─定　　　昇─┬─年齢給
　　　　│　　　　　　　└─習熟昇給
　　　　└─定昇でない昇給─┬─昇格昇給
　　　　　　　　　　　　　├─昇進昇給
　　　　　　　　　　　　　└─手当の該当増
　　　　　　　　　　　　　　（子供が増えて家族手当が増えるなど）
```

では定昇の大きさはどの程度必要であろうか。世帯形成が成熟期を迎える40歳の最低生計費は、今日280,000円のレベルにある。高卒、大卒初任給から判断して、20歳時の賃金は180,000円程度となる。40歳最低生計費との格差を求めると100,000円である。1歳当たりにすると平均5,000円となる。今日的な生計費と初任給相場から見て、定昇は5,000円が必要である。基準内賃金を310,000円とすると、定昇率では1.6％となる（**図表11参照**）。

定昇は制度として確立する必要があるが、同時にその役割を果たすためには、金額的にも一定の高さが必要である。

図表11　生計費からみた今日的定昇の大きさ

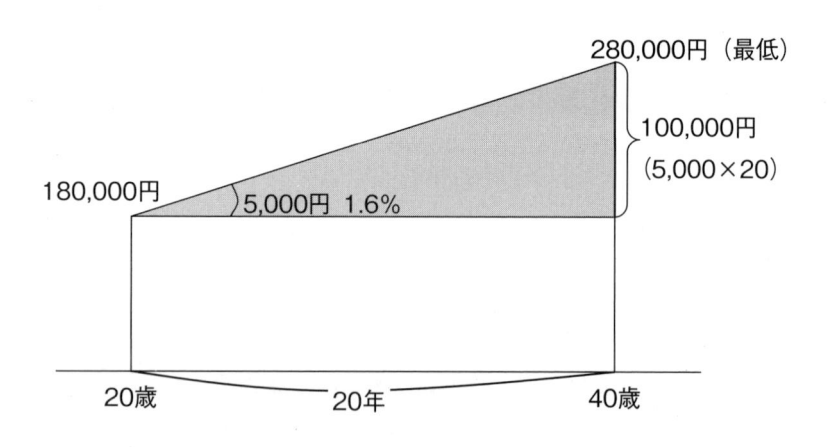

280,000円（最低）
100,000円
（5,000×20）
180,000円
5,000円　1.6％
20歳　　20年　　40歳

５，０００円　１．６％　が目安　（基準内賃金310,000円として）

Ⅱ. 高齢化への対応…定年廃止、実力支援、年金の充実、賃金カーブの修正

1 定年制の廃止

　終身雇用においては新規学卒者の定期採用があるから一律の定年制が必要になる。しかし、人生に定年はない。人材の活用面からみれば、一定年齢をもって職業生活からの引退を迫るのは妥当ではない。定年は一定年齢による一律な雇用の停止、年齢を理由とする解雇に等しく、職業生活から一方的に退場を迫るもので、あまりにも企業の論理が強すぎる。

　職業生活からの引退は本人が職業観や人生観から決めるもので、一定の年齢を根拠に一律的に決めるべきではない。能力、意欲、体力がある限り何歳まででも働ける環境を整えることが望ましい。そのうえで、退職年齢はすべて自己申告で行われるべきである。定年は延長するものではなく、むしろ廃止するのが正しい。それは社会的にみても人材の有効活用を意味するばかりではなく、働きがいある人間らしい仕事の実現にもつながるものである。

　定年廃止に伴い、これまで定年年齢を前提に組み立てられてきた、採用、配置、昇進、教育など、人事制度全般の見直しも必要になる。とくに、一人ひとりの退職年齢が何歳になるのかを把握する必要に迫られる。一人ひとりの職業観や人生観はさまざまであるから、例えば、40歳の人生折り返しの時点で、企業トップとの面接を通して、自分の意思で、後半の仕事や職場、退職年齢を確認する進路面接制度といったものを創設する必要があろう。

　高齢化が進展する一方、公的年金の支給開始年齢が65歳に段階的に引き上げられている。収入の空白期間を作らないためには、年金の支

給開始年齢と定年年齢が一致しているのが望ましい。現行の60歳定年以降も働ける環境づくりが急務となってきている。60歳代の雇用に関して、定年延長、定年廃止、再雇用の３つの方法で雇用継続が図られている。しかし、現時点では定年延長や定年廃止をめざす企業は少なく、ほとんどが再雇用による継続雇用で対応している。

　賃金体系の整備、賃金カーブの是正が未整備の状況にあって、現時点ではやむをえない面もあるが、本来は望めば誰でも、何歳まででも働ける環境を整えるのが望ましい。定年は廃止が、これからの姿である。

2 実力支援体制の整備

　能力（社員としての蓄積能力）と実力（現に成果を上げ得る能力つまり時価）とは、高齢化、構造変革が進む今日においては必ずしも一致しない。能力の陳腐化、体力・気力の低下、行動特性の劣化などが発生するからである。能力は"〜ができる"だが、実力は"〜している"とういうように実証的能力（高成果実現行動力＝competency）といえる。

　　　　　能力：〜ができる　competence
　　　　　　　〔どんな能力を身に付けているか〕
　　　　　実力：〜している　competency
　　　　　　　〔高成果実現のためにどんな行動をとっているか（実力）〕

　高齢化に対応していくには、今後はコンピテンシー評価を取り入れ実力評価、実力育成を進めていくことが求められる。定年を廃止し、働きがいを感じられる職場環境を整えるためには、実力と能力のミスマッチを解消するための教育・研修、実力を身につけるバックアップ体制が必要となる。

　これまでの教育体系は新入社員、中堅社員を中心とした、どちらか

といえば若手社員の能力開発に主眼を置いて組み立てられてきた。これからもこうした教育は必要だが、能力と実力のミスマッチが目立つ今日にあっては、実力支援体制としては、実力強化教育制度の整備が必要である。

定年を廃止されると、生涯労働期間は40年以上に及ぶ。40年以上の労働を意義あらしめるためには、中間の40歳代前半で、長期の休暇制度を設け、知識、体力、気力の充実を図ることが必要になる。現在、年次有給休暇の消化率は5割以下である。前半20年間の未消化日数は200日を越える。例えばこれを活用すれば、45歳で1年間の長期休暇制度の創設することも可能であろう。

長期休暇によって、人生前半の棚卸し、最新知識・技術の修得、体力の充実、気力の高揚を図ることができるとともに、後半の労働および生活の設計を考えることができる。

3 年金の充実と退職金の見直し

退職後の生活安定を図るには、公的年金と企業年金を合わせて、生活費に見合う水準の年金が用意されていなければならない。定年廃止によって、これまで退職金が果たしてきた住宅ローンの返済、子供の教育、公的年金受給までの生活費といった一時金としての役割は薄れる。退職一時金は老後生活の安定としての役割を果たす点からも、100％年金化が図られるべきである。今後、退職金は老後生活に注目した年金として充実が図られるべきであるが、その水準は老後の生活費に見合うものとし、65歳までの継続雇用や定年廃止にこそ原資を振り向けられるべきであろう。

退職金は終身雇用、年功賃金とともに、人材の定着の役割を果たしてきた。終身雇用、年功賃金が崩壊しつつある今日、勤続年数重視の退職金の見直しも避けられない状況にある。また、少子高齢化に伴う労働力人口の減少に対応していくには、高齢労働力の活用は社会的使

命でもある。それが社会の安定や経済の発展に大きく寄与することとなる。退職金が高齢者の雇用促進の阻害要因となるのは避けねばならない。

　今日退職金は40年勤続で、約24,000,000円の水準にある。1年当たりにすると600,000円、1年は12ヵ月であるから、1ヵ月では50,000円となる。労働者の平均賃金を月310,000円とすると、50,000円は15～16％に相当する。つまり、毎月の賃金から15～16％分を預かり、退職時に一括して支給する仕組みともいえる。

　そこで、最近では退職金を解体し、前払いあるいは全額払いとして、支給する企業も出てきている。パナソニック（旧松下電器）、コマツなどに先駆的な事例がみられる。実際には、時間外賃金への影響などを考慮して年2回の支給方式が取られているが、月当たりでみれば約50,000円程度の金額となっている。事例では、従来の退職金も残しながら前払いとして受け取るか、新入社員からの選択制による企業が多いが、約半数の新入社員が退職金の毎月受け取りを選択している現状をみると、退職金の見直しを検討する必要があると思われる。

　このような退職金の前払い支給は、中だるみの是正に役立つばかりでなく、世帯形成期の生活の充実も図ることが可能となり、ワークライフバランスの実現に役立つものと思われる。しかし、退職金が果たしてきた老後生活保障は失われるだけに、老後生活の不安定さを解消する公的年金の充実と公的な生活支援策が必要になる。

4　賃金カーブの修正

　高齢者の雇用を促進し、働きがいのある賃金を実現するためには、賃金カーブの修正を踏まえた賃金制度の整備と賃金表の見直しが必要になる。すでに述べたように、賃金体系はスキルステージ別に基準やウエイトを変えて設定する。人材育成期のスキルステージでは基本給は職能給と年齢給で構成するが、人材活用期のスキルステージでは賃

金水準が最低生計費のレベルを上回るから、年齢給の必要はなくなる。そこで、年齢給は仕事基準の役割給に置き換える。このステージでは職能給と役割給に切り替わる。

したがって、賃金表の組み替えが必要になる。しかし、60歳以上ともなれば、賃金は100％仕事基準の役割給に切り替えるべきである。各人の実力、経験、体力、気力などを勘案し、やってもらう仕事の価値で決めるように切り替える。このような賃金体系よって、現在の後立ちカーブを先立ちのカーブに修正することができる。

このようにスキルステージ別賃金体系を整備することによって、高齢化にも十分対応できるようになる。これについては、すでに述べたとおりである。

スキルステージ別の賃金体系に切り替えていくためには、いくつかの条件を整える必要がある。その条件とは、①中だるみの是正、②先立ちカーブへの修正、③最低保障賃金の整備、の３点である。第１の条件は、働きや生活に比べて見劣りする30歳台賃金の引き上げによって中だるみの是正を図り、年齢横軸に対して後立ちの賃金カーブを先立ちのカーブに修正することである。第２の条件は、40歳以上の役割給は、その時々の役割の重さによって昇降給する賃金となるが、これ以下にはしないという最低保障ラインを設定することである。第３の条件は、役割給は役割の重さによる格差展開部分となるが、公正な運用のためには、役割評価、業績評価制度を整備することも重要である（**図表12参照**）。

これらの条件を満たすことなく、賃金体系のみを修正しても意味がない。とくに、賃金カーブの修正は喫緊の課題である。賃金カーブの修正は短期間では実現できない。労使の合意のもと、着実な中長期の取り組みが必要となる。

図表12　賃金カーブの修正

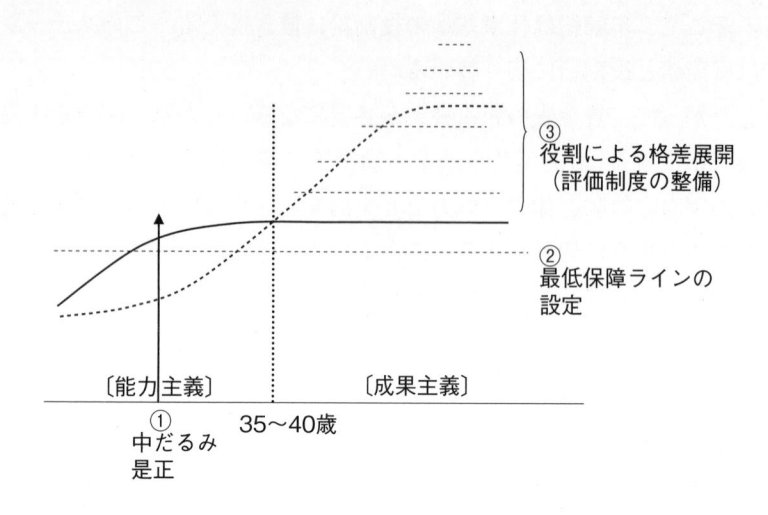

③ 役割による格差展開
（評価制度の整備）

② 最低保障ラインの設定

〔能力主義〕　〔成果主義〕

① 中だるみ是正　　35～40歳

　最近の調査を見ても今後、多くの企業が賃金カーブの修正に取り組もうとしている実態が明らかになっている（**図表13、14参照**）。その方向は、早期立ち上げ後フラットないし下降型にある。これは当然、賃金体系や賃金表の見直しなど、賃金制度全体の修正に及ぶもので、高齢化や定年廃止に備えた動きと見ることができよう。

図表13　賃金カーブの変化　　　　　　　　　　　　　　　（単位：％）

時　期	緩やか上昇後頭打ち型	早期立ち上げ緩やか上昇型	早期立ち上げ高年層下降型	継続上昇型
過去	36.0	20.0	9.6	26.5
現状	44.6	17.7	15.3	14.0
今後	31.1	14.3	37.7	6.3

資料出所：労働政策研究・研修機構「今後の企業経営と賃金のあり方に関する調査」（2008年12月）

図表14　今後目指すべき賃金カーブ　　　　　　　　　　（単位：％）

	一律上昇型	上昇率逓減型	上昇後フラット型	上昇後減少型
現在の賃金カーブ	5.9	29.8	40.4	23.9
今後目標にすべきカーブ	2.1	21.8	40.1	35.9

資料出所：日本経団連「人事・労務に関するトップマネジメント調査」（2010年7月）
調査対象：日本経団連および東京経協会員。回答505社（従業員500人以上79.4％）

Ⅲ. 社会的公平性の堅持…雇用形態を超えて、同一価値労働同一賃金（または同一価値労働力同一賃金）の推進

1 雇用多様化の背景と問題点

　定年までの雇用期間の定めのない、いわゆる正社員のほかに、契約社員、派遣社員、パート社員、アルバイト社員などの、非正規社員といわれる有期雇用が急激に増加している。

　非正規社員は、日本経済の停滞と経済のグローバル化に対応するために、雇用調整と低賃金を条件に、雇用者側の都合で導入されてきた。雇用調整がやりやすい、人件費の節約がねらいの雇用多様化である点が問題である。その割合は、2010年時点で、雇用者の3分の1を占めるまでになっている。

　雇用多様化は、本来、働く側の価値観の多様化に対応した雇用形態として導入が図られるべきである。現在の形態は人件費の節約、雇用調整機能を持った雇用としての位置づけでしかない。これでは十分な人材の活用ができないばかりか、職場の中に不公平感を生み、日本の

職場の特徴である協力、協調、援助、チームワークを失わせかねない。

　さまざまな雇用形態が存在することは、働く側が自分の労働観や生活観に基づき、本人の意思で働き方を選択できる点で、望ましいものである。しかし、現在の有期雇用の実態は、理想からあまりにもかけ離れている。雇用する側の都合だけではなく、雇用される側の視点も考慮された多様化が図られるべきである。

　働く側が選択できる環境を整えるためには、その前提として、同一価値労働同一賃金が確立されていることが条件となる。

2 雇用形態の違いを超えて同一価値労働同一賃金の実現

　同一労働同一賃金の原則とは、雇用形態の違いを超えて、同じ職場で同じ仕事をする労働者は、働きの違いで差別されることなく、同じ賃金になるという社会的なルールである。欧米では、この原則が確立されている。最近では、さらに進んで、労働の内容が同一でなくても、その職務内容が客観的に同じか同じ価値があると評価されれば、同じ賃金が保障されるという、同一価値労働同一賃金の考え方が支配的となってきている。同一労働同一賃金を実現するためには職務評価が、同一労働力同一賃金なら能力評価が行われなければならない。

　生産が主体の労働のときは同一労働同一賃金の原則でよかったが、頭脳労働が主体の今日にあっては、同じ仕事をしている人はいなくなっている。同一労働同一賃金ではなく同一価値労働同一賃金が原則でなければならない。

　欧米は仕事の価値で決まる賃金であり、賃金水準は社内で決まるのではなく労働市場で決まる。しかし、日本は人材の価値（能力）で決まる賃金であり、市場価値ではなく社内価値で決まる。したがって、支払い能力のある企業ほど賃金は高くなる傾向が強い。この点で、同一価値労働同一賃金を実現する困難さが伴う。しかし、現在のような

雇用形態の違いによる格差は、社会的公平性からみて放置することはできない。早期に解消されなければならない。

では、日本ではどのように同一価値労働（または同一価値労働力）同一賃金を実現すべきであろうか。雇用形態の違いを是として、現状の問題点を踏まえ、いくつかの是正策を提案してみたい。

(1) **賃金制度、人事制度の整備**

社員の賃金制度や賃金表の整備は進んでいるが、非正規社員といわれる有期雇用社員の賃金制度は未整備の状態にある。労働条件は個別契約として明示される場合が多く、統一された制度のない企業が多い。有期雇用とはいえ、契約更改による長期の雇用期間に及ぶケースが少なくない。長期雇用は人材の育成や活用面からみても、生活の安定からいっても望ましい姿である。そのためには、賃金制度や人事制度を整備する必要があろう。個別契約の労働条件から、雇用形態の特性に応じた賃金の決め方が必要になる。

(2) **賃金決定基準の明確化**

賃金の決定基準には仕事、能力の２つがあるが、日本における社員の賃金は、すでに触れたように能力が基本となっている。しかし今後、社員の賃金もスキルステージ別に賃金体系は変化していくと思われる。有期雇用の賃金は、現在では職務ないし職種の色彩が強く、賃金水準は労働市場の相場に準じている場合が多い。

有期雇用に応募する人材は年齢も、職務経験の有無も異なり、また入社後の異動なども制限されているから、能力を基準とすることは難しい。やはり、職務や職種が基本となろう。しかし、採用後の人材育成や活用のためには、人事方針を明確化し、仕事のみならず能力（熟練度）をも基準とする処遇を実現していくべきであろう。これによって、同一価値労働同一賃金に近づくことができるものと思われる。

問題は、賃金の水準にある。あまりにも労働市場賃金を重視し、同一価値労働同一賃金の視点が欠けている。雇用形態が違っても、職場

における生産活動への貢献度に違いがあるわけではない。社員との間において、同一価値労働同一賃金を実現していくべきである。職場の不公平感は意欲を減退させ、協調体制を阻害し、企業にとっても弊害をもたらすことは避けられない。賃金決定基準を明確化すると同時に、賃金水準の是正が必要である。

(3) 社員賃金との均衡実現

同一価値労働同一賃金を実現するステップとして、まず、社員賃金との均衡処遇の実現を図りたい。現在、有期雇用社員と社員との賃金の格差は大きく開いており、社会的な課題となっており、パート労働者（短時間労働者）については、政府も均衡処遇の実現を求めている。均衡であって同一処遇ではなく、これが終着点であってはならない。やはり、同一価値労働同一賃金をめざすべきである。

では、現在の賃金決定を前提とするとき、どの時点で、何をもって、均衡を図るべきであろうか。1つは採用時の賃金における均衡の実現である。社員の雇用の入り口は高卒であり、労働面から見ると無技能・無習熟労働者といえる。高卒初任給の時給と単純定型業務の有期社員の賃金レベルの均衡が1つのポイントとなるのではなかろうか。もう1つの点は、有期雇用者の人材育成・活用を判断指導業務におく場合、社員との同レベルとの時給均衡の実現である。

雇用多様化を1つの働き方の選択として定着するためには、人材の育成や活用が必要であり、仕事の基準とその熟練度を加味したうえで、まず、社員との均衡処遇が図られなければならない。

(4) 転換制度の整備

同一価値労働同一賃金の実現の一方、社員としての人材育成を望み、職務拡大や役職をめざすものについては、社員雇用への転換制度も必要であろう。働く側の職業観や生活観も変化する。企業にとっても人材の価値は評価しているから、有効な活用策となろう。人件費削減や雇用調整策としての雇用多様化ではなく、働く側の選択肢として

定着させるためには、転換制度も必要である。

　雇用多様化が公正な形で定着するためには、同一価値労働同一賃金が社会的に成立する必要がある。本来は、政府が一定のガイドラインを示すなど、社会的な基準が必要と思われるが、労使は同一価値労働同一賃金実現にもっと積極的に取り組む必要がある。

第7章
安定した雇用システムの整備

日本賃金研究センター
主任アドバイザー　野原　茂

Ⅰ．援助する雇用政策のあり方

　経済不況のもとでの雇用政策、少子化に伴う人口構造の高齢化などを抱えるなかで、「生きがい」の問題、あるいはこれに関連する「働きがい」、といった問題を多面的に検討する重要性は高まっている。低迷するわが国が再び脚光を浴びるためには人材次第であり、それは一人ひとりが集う、社会の最小単位の家庭を加えた産学官が一体となっての人材育成の体制づくりが課題となる。

1 定年制廃止で真の終身雇用を

　わが国の雇用システムの最大の特徴は入口と出口にある。それは入社における学卒者定期採用制と退社における定年制がそれであるが、今日ここに問題が生じている。まず採用であるが、例えば2011年春入社の主要企業の大卒予定者の就職内定率は68.8％で、内定者数は前年比6.1％減になるなど厳しい状況にある。第二新卒と3年間は新卒扱いとするなどの方策が講じられているが大切なことはエンプロイアビリティを考えた人材育成こそ急務である。

　次に、定年はわが国も含めて、先進国はおおむね60歳前後であり、多くの場合実際の退職年齢は個人の自由な選択となっている。今日、わが国で定年制が緊急の課題となった背景には年金改革や少子高齢化となって、働く人を取り巻く環境が変わったことなどがあげられる。

　年金法が改正され2013年からは65歳支給になることから、まずは年金の支給開始年齢と雇用をつなぐ必要がある。さらには少子高齢化という人口構造の激変を考えると、企業の人材確保という面からも雇用延長は必然的なことである。

　現在、進めている定年制の見直しは、年金支給年齢引き上げに対応

したものであるが、少子高齢化の問題や働く意思と能力のある人材の有効活用を前提に考えれば、定年制も一律の年齢で終わらせないで、年齢に関係なく優秀な人材が働き続けられる雇用システムを構築することが求められる。

わが国は世界で最も高齢化が進むと同時に、高齢者の就業意欲の高い国といわれている。働き続けたいという人の能力を活かすことはその人の生きがいの創出にもなる。人生に定年などはないわけで、職業人生の定年もないほうが望ましく、今後は定年制廃止で自分の意思で定年を決める真の終身雇用を実現させねばならない。

2 人材育成には長期雇用が必要

社員採用は、『継続的人材育成』がその基本となる。これは新規採用した人を定期的、継続的にじっくり時間をかけ、費用をかけてわが社の人材として育て上げる。

つまり仕事を通しての訓練（OJT）、配置転換による訓練（ローテーション）、および仕事を離れての教育訓練（Off-JT）を行い、育成した人材を、職務、職種の壁を超えて柔軟に配置換えをして、活用する。高度な仕事をこなすには、長期にわたって実務経験と教育訓練を積むことが必要であり、長期雇用はむしろ企業の成長と安定に不可欠である。

厚労省の2010年度、労働経済白書で、人材育成は一朝一夕にはできないということで、長期安定雇用が必要と述べている。労働政策研究・研修機構の調査結果で『長期安定雇用の展望』(**図表１**) と『長期雇用「終身雇用」についての考え方』(**図表２**) の内容は、次のとおりである。

今後の事業展開に当たって、長期安定雇用のメリットの方がデメリットに比べ大きくなるとみている企業は、約５割で、とくに変化はないとみている企業が約３割と、長期安定雇用が今日においても高い

評価をえており、今後も長期雇用が変わらず、企業の雇用慣行で、重要と思われている。

長期安定雇用のメリットの主な理由をみると、「中堅社員の経験や指導が若手の育成に役立つため」、「社内に人材を蓄積することで事業展開に柔軟に対応できるため」、「仕事を通じ従業員が成長し仕事への意欲を高めることができるため」、「社内の組織・協力体制により高度な事業に対応できるため」などがあげられている。社員の能力をじっくり育て、評価するためには長期の雇用慣行は、今後も尊重されるべきとの展望である（資料出所：厚生労働省「労働経済白書」2010年）。

図表１　長期安定雇用の展望

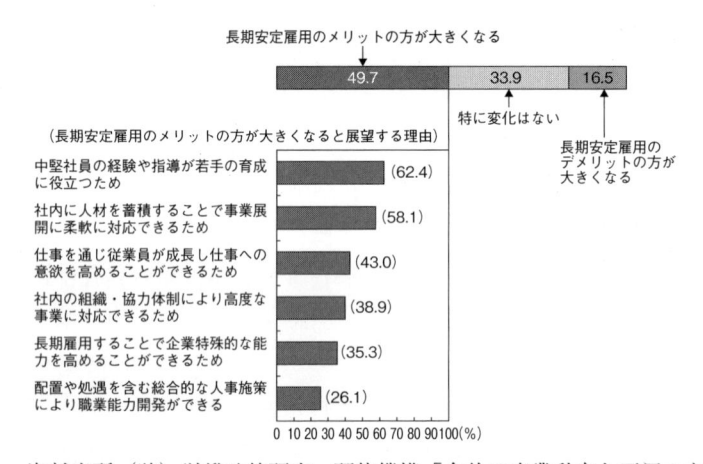

長期安定雇用のメリットの方が大きくなる
| 49.7 | 33.9 | 16.5 |

特に変化はない

長期安定雇用のデメリットの方が大きくなる

（長期安定雇用のメリットの方が大きくなると展望する理由）

- 中堅社員の経験や指導が若手の育成に役立つため (62.4)
- 社内に人材を蓄積することで事業展開に柔軟に対応できるため (58.1)
- 仕事を通じ従業員が成長し仕事への意欲を高めることができるため (43.0)
- 社内の組織・協力体制により高度な事業に対応できるため (38.9)
- 長期雇用することで企業特殊的な能力を高めることができるため (35.3)
- 配置や処遇を含む総合的な人事施策により職業能力開発ができる (26.1)

0 10 20 30 40 50 60 70 80 90 100(%)

資料出所（独）労働政策研究・研修機構「今後の産業動向と雇用のあり方に関する調査」（2010年）

2009年の労働経済白書で発表された長期雇用の考え方について、時系列的な変化をみると、いわゆる「終身雇用」を評価する割合（「よいことだと思う」および「どちらかといえばよいことだと思う」を合算した割合）は、1999年の72.3％から2004年の78.0％へ緩やかに上昇

した後、2007年には特に上昇して、86.1％となっている。反面「よくないことだと思う」および「どちらかといえばよくないことだと思う」を合算した割合は年々減少してきている。

このように長期安定雇用を維持する方向へ向いてきていることがいえる（資料出所：厚生労働省「労働経済白書」2009年）。

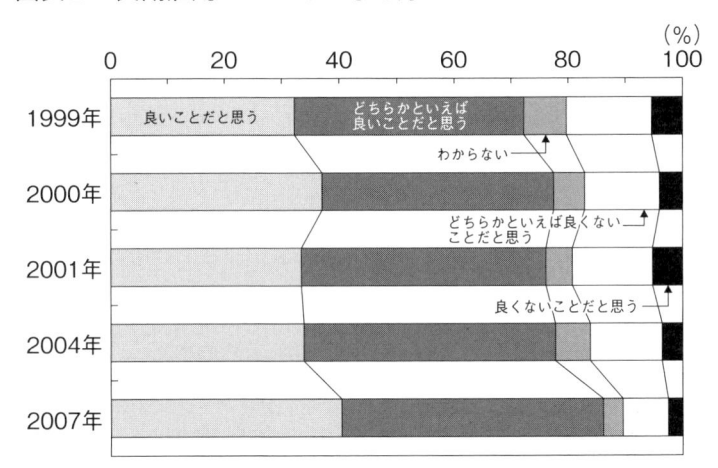

図表2　長期雇用についての考え方

資料出所　(独) 労働政策研究・研修機構「勤労生活に関する調査」
(注) 1) 調査では「1つの企業に定年まで勤める日本的な終身雇用」についてたずねたもの。
　　 2) 調査は個人に対する訪問面接調査。

長期安定雇用は、今までわが国の社会を、具体的には生産性の向上、そして働く人の雇用安定と生活向上等に大きな役割を果たしてきたといえる。

3 能力開発は機会均等

労働力（人間）を市場に委ねてはならない。そこでは人間の尊厳までが危うい。賃金を人材活用のための費用ととらえるのではなく、そ

れは人材育成の投資と考えねばならない。すべてに働く者は原則、正規雇用の正社員と考えねばならない。違いは労働時間の長短にすぎず、正規雇用を大原則として、多様な働き方は個人の選択とする。

今日、働き方の自由（多様化）が、働かせ方の自由化となっている。そもそもわが国の労働法制は正規雇用社員つまり長期安定雇用を前提に体系化されていたし、派遣労働は原則禁止であった。構造改革が進む中、解雇条件を緩和することで雇用の流動化を図ったが、正規、非正規という格差の問題を生じた。

大切なことは雇用形態の違いに関係なく同じ仕事であれば、同じ賃金が支払われることは当然で、それ以上に大切なことは正規、非正規に関係なく能力開発の機会が平等に与えられ、キャリアの道筋が見えることである。

政府は、均衡ある処遇の推進、社会保障の適用拡大などの整備について検討を進めているが、企業も社会的責任を自覚し、公正な雇用に努めるよう自主的かつ積極的に取り組むことが求められる。

4 ワーク・ライフ・バランスの実現で公正な雇用

わが国では、採用イコール無期雇用が基本という認識にあるのは、それがわが国の雇用システムの本質だからである。雇用契約からしても職務の概念が希薄で、それは社員契約となっている。しかし昨今は、正社員が減少する一方で、逆に3人のうち1人の割合で正社員と呼ばれない人が増加している。

多様な雇用形態が広がったことは多くの人に働く機会を与えられたが、格差の問題が発生した。そこには長期の景気低迷とグローバルな競争激化の中で人件費削減を強いられる企業の考えが働いている。自由と選択の拡大は不安定性の増大と表裏一体であったのか、個人は自由な働き方の機会を喜びつつ問題も抱え込んだ。企業側からみた非正規社員の活用は、コスト削減や雇用調整のやりやすさなどでそのメ

リットは少なくないと思うが、働く側のメリットは少ない。また非正規社員が急激に増加した結果、従来の正規社員の状況も変化した。そこでは1人当たりの仕事量が増加し、責任も重くなってきている。

　正規社員だけの雇用制度は国際競争力を損なうとして非正規社員を採用したのはやむをえない選択であったとしても、両者の間で不公正な状態を続けては、持続可能な社会とはならない。一人ひとりの仕事（WORK）と生活（LIFE）の調和を実現し、誰もが希望を持って働けるようにすることであり、雇用が不安定な状態にあることや非正規社員の抱える賃金にとどまらず、老後生活を左右する年金、社会保険などの条件が正規社員に比べて低いことなどの問題の解決策を考えねばならない。

5 勤務時間短縮への取り組み

　労働時間問題はワークライフバランスを行ううえで最大の課題である。

　いうまでもなく、仕事は基本的に所定内労働時間で行うことを前提とする。そのためには目標面接制度でのコミットメントやアカンタビリティなどで、今までの仕事のやり方を見直すことである。生産性をさらに向上させ、また社員が働き方を見直し、仕事をより効率的に行い最高のパフォーマンスができる状態にしていくことも必要である。そのための意識改革やさらにはシステムなどの運用での改革が求められる。

　具体的には、フレックスタイム制や半日休、始業時と終業時の繰上げや繰り下げなど、さらには裁量労働制の導入で仕事のやり方や時間配分などを本人の裁量に任せる。自発的な、仕事に対する意欲を高め、いきいきと働ける状況を通して、業務の改善、職場の活性化を実現する。

　また、一定の条件の下では在宅勤務制度（テレワーク）を導入する

ことも考えられる。ペーパーレス化やオフィス・スペースの最適化といった副次的メリットがある反面、情報の共有化や評価などで問題もある。ローテーションの組み方や評価などでの工夫がいる。

人材育成、職務の効率化などの人材マネージメントの自覚と運用、とくに裁量労働制などではチーム内コミュニケーションが重要となる。

人は誰しも自分が認められ、遂行したことに対しての正しい評価が行わなければ働きがいを感じない。評価は、まずどのような人材になってほしいかを明確にする。多様な働き方の中での、適切な職責の明示を行い、役割をしっかり設定する。そして成果を中心に評価して、そのプロセスや能力など定性的な評価はフィードバックして改善点につなげる。時間的な要素は排除して評価する。

勤務時間短縮で残業は最も厄介な問題であるが、まず基本的には役割の明確化と残業管理である。そのうえで人材育成や職務改善などの対応が求められる。さらにはノー残業デーのシステム化も考えられるが、できれば週単位で1日は設置する。定時に帰宅することで家族と過ごす時間を持つ、あるいは友人と交友する時間を持つことなどで心身のリフレッシュにもなる。これらを通じて職場の改革を進め、生産性の向上、そして時間短縮を図り社員満足を高めWLBを向上させ育児や介護などがフレキシブルにできるなど、社員の生きがい、働きがいの向上がめざせる。

次に、年次有給休暇の取得率は依然として50％を下回る状況が続いている。有給休暇取得の促進はまず、取得できない問題を見つけて解決することである。そして労働基準法で定める年次有給休暇の計画的付与制度を活用する。さらには有給休暇取得率を向上させる支援制度を導入する。例えば、年休取得強化月間制度や年次有給休暇積立制度など、そして取得促進の社内PR活動を徹底することである。

WLBが求められる中で、時間外労働の限度基準の見直し、長時間

労働に対する法定割増率の引き上げ、そして年次有給休暇の時間単位の付与などで長時間労働を抑制しての健康維持が何より大切である。

6 柔軟な雇用システム

ライフスタイルや価値観が多様化する中で、働く場所や時間をさまざまに組み合わせる働き方や生き方が選択できる社会の実現が求められる。

人材の多様性を経営戦略（ダイバーシティ・マネジメント）に活かすことである。在宅勤務やフレックスタイムなどはその代表的な施策であるが、働き方の柔軟性を進めるためには仕事のやり方、スタイルを変えていかねばならない。そのためには、各自が自身のキャリアやライフプランを主体的に考え、能力や行動を高めることがなりよりも先決となる。

育児休業制度、さらに小学校に入学するまでは短時間勤務制度などで職場復帰や仕事と育児の両立を支援する。短時間勤務は、短縮幅を2〜3時間程度として30分単位ぐらいで取得できるようにする。また育児や介護など家庭の事情で退職した社員を再雇用できれば、仕事内容などを理解している人なので双方にとってメリットとなるのが再雇用制度である。

こうしたシステムの推進には啓蒙活動を行なうことも効果的である。

結婚、出産、育児、保育、介護など、さまざまの分野の相談、情報交換など、特に男性社員向けの取り組みが必要となる。

次に、非正規社員の雇用の不安定に対しては、正規社員を希望する非正規社員は期間の定めのない雇用契約に段階的に移行させていくことである。そのためには、無期雇用と有期雇用の中間的な、正規社員に準ずる例えば、勤務地や職種をある程度限定する新たな雇用契約の検討も必要である。さらに能力開発は安定した就業状況での職場訓練

である。

　有期雇用契約であっても正社員と同じ能力開発などのインセンティブを実施することで転換をスムーズとする。転換を推進しやすいように、労使の自主性を尊重しながらも、新たな日本型雇用の創出のため、労働市場の柔軟性と労働者の保護を両立させる政府の政策支援が求められる。

(1) 雇用維持策

　雇用不安をなくす雇用対策の一つは、まず働いている人が簡単に仕事を失わないための雇用維持策である。そのためには時間外の削減や有給休暇の取得促進、時短を進め休業日を増やす、さらには転籍、出向、異動などで雇用維持に努める。

　また、企業が社員を解雇せずにすむよう導入された『雇用調整助成金制度』がある。これは景気変動、産業構造の変化などに伴う、経済上の理由により事業活動の縮小を余儀なくされ、休業等（休業および教育訓練）または出向を行った事業主に対して休業手当、賃金等の一部を助成する内容である。

　希望退職などで解雇を実施した企業と雇用調整助成金を使い解雇しなかった企業の違いについて、ワークライフバランス（WLB）に取り組んでいる企業ほど、雇用を維持しているという調査結果がある。これは雇用調整助成金を受給している企業は社員教育が行われていることでもある。

　ところで、WLBを推進するためには労働環境や社会環境の整備が必要となる。

　そこではまず、「働き方の多様化」を確立せねばならない。例えば、フレックスタイム、テレワーク（在宅勤務）、短時間勤務制、裁量労働制、そして育児や介護などの各種の休暇取得制度などがあるし、また2005年、日本経団連が提唱したホワイトカラーエグゼンプション（労働時間規制適用免除制＝自己管理型労働制ともいう）も、

働き方の多様化と、知識労働化を背景としたものであった。

次ぎに、総実労働時間の見直しであるが、所定労働時間の短縮のみならず、特に所定外労働時間の短縮などに徹底的に取り組まなければならない。長時間労働は健康問題や過労死につながりかねない大きな問題であり、今後の生産増などには残業などでなく、新たな雇用増で対応することが求められる。フレックスタイムや短時間勤務制、裁量労働制などの導入、さらには育児や介護のための取得しやすい休暇制度の検討も必要である。また在宅ワークなど勤務場所の選択制もある。

IT産業ではオンデマンド・ワークスタイルを導入し、どこでも仕事ができるようにしている。

また、ワークシェアリングでの雇用創出とその拡大がある。ワークシェアリングの本質は、現在働いている人たちの仕事を、失業している人たちと分けあうことなので、その職業能力の均等化も必要となる。雇用政策で大切なことは職業能力を高めること、新たな付加価値を創造できる人材の職業訓練や再就職を支援するプログラムの強化、充実につきる。時短との見返りで、失業者を雇う仕組みをつくる。企業への援助や住宅供給などを行う。

(2) **失業者対策**

失業者をゼロにすることは不可能であり、そうした失業者への対処が重要となる。

一般的には失業者の生活支援と再就職をスムーズに行うための職業訓練が課題となる。勤労意欲の低下と職業スキルの低下は、悪くすると非労働力化につながりかねない。とくに職業スキルは個人に応じたスキル向上の職業訓練が重要である。

リーマン・ショック後、構造不況産業から成長産業へ労働者を移動させるべきとの意見で、介護や農業の分野に雇用を移す議論がなされたが、これは単に失業者を少なくするためだけで、決して本人のみな

らず社会全体のためにもならない。一人ひとりの特性に配慮したスキル向上でなければその効果は低い。わが国は人材だけが資源というならば一人ひとりの働きがい、生きがいを確実にする抜本的な施策が求められる。

失業した人の生活保障と再就職支援強化は必要であり、雇用保険の適用拡大や教育訓練の充実、そのパッケージ運用が期待されている。失業者対策の基本は個人の能力のレベルアップである。現在の失業給付の仕組みは、職業訓練を義務化した、内容と抱き合わせた給付に変えることで充実する。

(3) 有期雇用対策

準社員の問題は有期雇用の対策として考えるべきで、具体的には雇用期間と処遇の取り扱いである。雇用期間は本人が希望すればできるだけ正社員への転換を指向すべきである。有期雇用であっても、能力が開発されて、人材として活用できる評価システムの適用、貢献に応じた賃金、賞与そして退職金・企業年金など、福利厚生についても用意しなければならない。加えて社会保険制度の加入の問題がある。

人材開発と活用に有効なのは安定したところで働きながらの職場訓練である。これらを配慮しない雇用のあり方は結果的に生産性の低下につながり雇用のメリットがなくなる。

コストはかかっても働く人へ配慮することが、長期的には利益拡大につながる。

大阪大学が行った調査で「普段どの程度、幸福だと感じていますか」の幸福度について雇用契約期間の短い人、自ら望んで準社員を選んだのではない人の幸福度は低くなっている。また男性のほうが幸福度は低く、未婚の人も低い。また、派遣社員の中でも製造業派遣の幸福度が低いことは、その雇用形態というよりも、製造業派遣は単身世帯の未婚男性が多く、正社員を希望する割合も高いため、と分析している。さらに「幸せはお金だけで決まるわけではない。雇用や家族の

状況は幸福度に影響し、働くこと自体や、家族を持つことによる喜びや充実度も重要」と指摘している。

最近「フレクシビリティ」と「セキュリティ」の合成語で「フレクシキュリティ」という言葉がある。これは労働市場の柔軟性と労働者の安定性を両立するもので、労働力の移動をしやすくし、手厚い社会保障で労働者の生活を守る政策でオランダモデルとかデンマークモデルといわれている。しかしこの政策は労働者を解雇しやすいなど、これをわが国へそのまま移入することには問題もある。成果主義の前例の轍を踏まぬように、文化の違いやわが国の組織風土になじむ形での政策討議が肝要である。

これに近いシステムで、2008年に始まったジョブカード制度がある。これは正社員を希望するフリーターなど準社員が職業訓練を受け、身につけた能力を書き込んで就職活動に活かす仕組みの制度であるが効果が薄いということで事業仕分けされたが内容の充実が求められる。

II 人生論からみた賃金

輝かしい社会を実現するためには、一人ひとりが人間らしく生きることについて真剣に思考することが求められる。さて、何を「生きがい」にとか、何を「人生の目的」にしているのかと、いきなり聞かれたらなんと答えるだろうか。ふと考えこむであろう。生きがいとか人生観とかいうものはそういう個人の秘密に属するものと考えるからなおさらである。

ところで、先が見えていた成長時代にはそういうことをあまり考えなくてもよかったかもしれない。しかし今日、不透明な時代となり、一人ひとりが人生の目的をしっかり自覚しそのための目標を考えねば

ならない状況になった。人生の目的があるような、ないような、あってもそれが希薄なものでは、働きがいも弱いものとなる。一人ひとりがやりがいのある、そして充実した仕事の達成感とともに、生活面においても自らの生き方を見つけそれを実現しなければならない。

そこで何よりも大切なことは総論で述べられているようにまず海面よりずっと高い状態でたくましく伸びている人材の存在である。そうした人材であれば少々の荒波が生じても、労働も経営もそして生活も家庭も安泰である。

恩師、楠田丘は日本型雇用慣行を"愛は正義"と称した。人間は愛をもって対応すれば心豊かに育つといわれている。人間は、人間に育てられ、人間になるのであって、いくらIT化が進んでも人間は育てられない。われわれはこのことを自覚し、人間本来のヒューマンな社会の実現をめざすべきである。

1 生きがい論

生きがいはいろいろなものがあり、それは正に千差万別、十人十色となるものだろう。人生の喜びを感ずることは自分の生活や仕事と言った主流の中よりもむしろ、末梢的なこまごまとしたところにも存在する。

どう生きたらよいのか、人それぞれの考え方があるだろうが究極、われわれ大多数の人間は『幸福』を求めて生きているといわれている。人生の真実は何であり、人生はいかに生くべきか、人生の何に目的や価値を置くかという人生観という言葉は人によってその定義も内容も色々あるだろう。

いかなる人にもその人のための道がある。他人には他人のその人なりの道がある。

自分自身の道をあくまで探求していくことで、いつかは必ず人生に生きがいを感じることができる、という言葉は書物や、あるいは人の

話でよくいわれている。自分自身の道をあくまでも追及してやまないなら、いつかは必ずその人生に生きがいを感じ、そういう生き方に満足するともいわれる。このことを1年でも早く感じることができれば、より幸福なのであり、それは本人でないと味わえないことなのだ。地道にじっと真面目にこつこつと続けることが自分自身の道なのかもしれない。それを何年も続けながら、必ずそういう人でなければ味わえないところに行き着くに違いない。

2 働きがい論

　昔の人は「人生を生きる」ということを、「人生を選ぶ」というような表現をした。

　それは、人生を生きるうえでの職業選択は、ある意味では最も根本的な問題でもあったと思う。しかし時代は変わった。産業構造や社会構造そして家族制度まで激変した。また、今までは右肩上がりの経済成長の下で、終身雇用制や年功序列に支えられ、組織に頼り従属することによって定年を全うできる環境にあった。だが昨今は労働市場の環境変化の中で雇用政策が様変わりしている。企業も、これまでのような長期雇用慣行の維持が困難となり、従業員との関係をいとも簡単に見直すようになってきた。

　人は意思を持った存在である以上、働きがいのある企業でよりよい人材となる。

　働きがいがあれば、働いている企業だけでなく働く人も幸せになる。一人ひとりがやりたいと思うことが見つかる場、そういう場を提供できる企業は伸びるに違いない。仕事は上からいわれたことだけをやるのではつまらない。自分の思いがなんでも提言でき、かつ自主的にそうすることで創造性も高まる。

　いうまでもないが、企業には目的と目標がある。人生にも目的と目標を持っていない人はいない。お互いの目的や目標をよく知り合うこ

となしには、企業の活力は生まれないし人の働きがいも生まれない。自分がしたい仕事ができるということは、働く人にとっては『働きがいの源』である。

3 自己啓発～まかぬ種は生えぬ

　人は皆オンリーワンの存在である。その個性や能力は十人十色であり、自分の持ち味や強みに早く気づき時間をかけてそれを磨いていくかが自己啓発上の重要なポイントとなる。人は青少年期から壮年期に至るまでさまざまな転機を経験して、そのつど壁を乗り越えようと、チャレンジする。

　自己の一生を価値あるものにするために、何年後、あるいは何十年後にどういう自分でありたいか、一生かけて何を成しとげれば悔いを残さないかなどと、自分自身に問いかけながら、そのうえで意欲的に新しい役割、課題などにチャレンジし研鑽することでオンリーワンの自己の価値を高めることが可能となる。人間の能力の伸長は、そのためにかけた期間と努力の結果と考える。何かで成功するためにはとにかく粘って我慢して、結果の出るまでやり続けることである。継続こそ力なのである。

　不確実で先が読めないこれからの時代には、成果主義賃金の導入は不可避である。仕事基準のアメリカ型成果主義は、格差と競争のなかで敗者となった者は自分の居場所を他の企業に求める。これに対してわが国の場合、長期雇用のなかで敗者が再度チャレンジすることを可能とする仕組みが実力等級制度であり、ここに日本型成果主義の意義がある。

　自分の仕事は何かのために役立っており、また自分の存在は誰かのために役立っているという自覚がもてるならば、そこに永続的な喜びがえられる。人は自己の価値観に合う仕事や役割ならば、働きがいも高まる。指示や命令を受けなくても、前向きなエネルギーが沸いてき

て次々と行動し、おのずとよりよい結果が生まれる。

　自己啓発のためには、自分の生きがいは何かを自覚し、認識を深めねばならない。新芽は自己啓発の産物である。極論だが、新芽（アイデア）が出なくなったら"死んだも当然"と言われてもしょうがない。人生の生きがいはどんな職業、どんな能力の人にも平等にえられるものであり、誰でも新たな可能性の中に生きている。今日の厳しい時代に対して自己のゆるぎなき心構えと能力があるかどうか、自己が真に生きがいをつかんでいるかどうか、あるいは少なくとも生きがいに向かって進んでいるかどうか、自問自答も必要である。

　われわれは真に幸福となるためには、真によき人間すなわち人格形成された人間とならねばならない。人生、生きている限りこれから先何が起こるかわからないが最後の日まで『幸福』を追い求めて生き続けねばならない。最後に「釈迦」の"35歳の悟り"の言葉で結ぶ。

　『本当の人生の幸福とは、自分の心にあることが分かりました。その幸福の心とは、自分の幸福よりも、人のため、世のためにつくす心であることを知りました。自分さえよければという心をやめて、皆なが、皆なで、皆なの幸福のためにつくし合うことが、本当の幸福です』

第8章
chapter 8

人材社会学のまとめ

日本賃金研究センター
代表幹事　楠田　丘

人材社会学とは、一人ひとりの人材が最大限に能力と人生哲学と行動特性を活かし、豊かな愛に満ちた光輝く社会を創りだし、維持する理念と政策とシステムを検討し、実現していくあり方をいう。そしてそのあり方の詳細については、すでに各論で述べてきたとおりである。

　そこで、本書のまとめとして、以上の人材社会学を有効にするための人材のあり方を整理しておくこととしよう。すなわち、人材社会学における人材要件とは、どのようなものであろうか。それはおおむね３つの要件からなる。

Ⅰ．人材に求められる３つの要件

①「能力」（脳力・体力・気力の３つを十分身につけていること）
②「人生哲学」（いわば社会・経済に対する理念）をしっかり踏まえていること
③「自己特性認識」（管理職か専門職か専任職か）を自覚して行動していること

　今わが国では、人材の基幹をなすミドルマネージャーの人生（社会や経済）に対する意欲の低さが問題となっているが、それはまさに、ここに掲げた３つの要件（能力・人生哲学・自己特性認識）が薄弱であることに起因している。

　そこで各人は全力を傾けて、以上の人材要件を満たすことに挑戦していくことが求められる。

　では以下、これらの人材要件の内容についてまとめておくこととしよう。

　自らの人材要件の充足度を判断して、明日に向かってたくましく前進していただきたい。

Ⅱ. 第1に「能力」のチェック

能力は、脳力（HP・ヘッドパワー）、体力（BP・ボディパワー）、気力（MP・マインドパワー）の3つからなる。

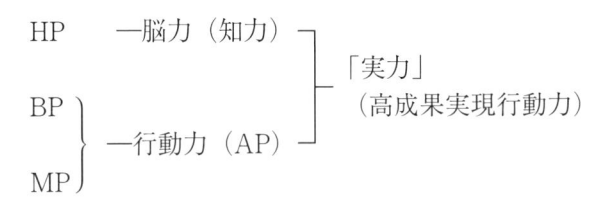

```
HP    ─脳力（知力）─┐
                    ├「実力」
BP ┐                │（高成果実現行動力）
   ├─行動力（AP）──┘
MP ┘
```

上記のように脳力（知力）にAP（アクションパワー）を加えたものが高成果実現行動力、つまり実力ということになる。

さてこの能力については本人の努力を中心に、企業や国家の支援を加えて高め、これを基盤に、経済、社会への支援を有効なものとしていくことが、これからの人材の要件だといえる（**図表1参照**）。

図表1

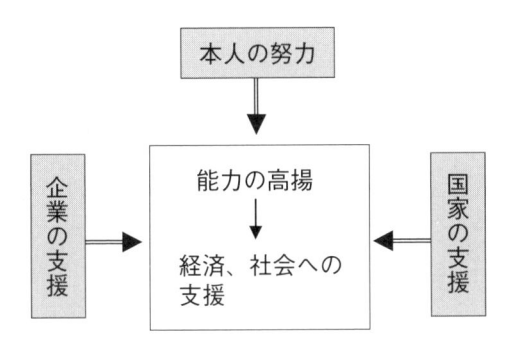

```
            ┌──────────┐
            │ 本人の努力 │
            └─────┬────┘
                  ↓
┌──────┐   ┌──────────┐   ┌──────┐
│企業の│──→│ 能力の高揚 │←──│国家の│
│支援  │   │    ↓      │   │支援  │
└──────┘   │経済、社会への│   └──────┘
            │   支援     │
            └──────────┘
```

さて、そこでまずHP（知力）だが、それは次の6つの設問の理解度でチェックし、判断することができる。
a）6問中、5問まで正しく説明できる→人材要件を満たしている
b）6問中、3問までしか説明できない→人材要件を満たしてない
では、各自チェックしてみよう。

〔第1問〕定年をどう思うか？

人生に定年などない。職業人生に定年があること自体が反社会的である。わが国の場合、戦前から戦後にかけて終身雇用であり、賃金カーブは人生の前半はアンダーペイ（働きよりも低い賃金）、後半はアッパーペイの終身決済型賃金となっている。そこで人件費抑制、高齢化対応の2つの観点から定年制はやむをえないものとなっている。

確かに労働者の価値観も多様であり、生涯労働を押しつけることも正当ではない。ではどうすればよいか。生涯労働の中間点である40歳の誕生日に、人事部長と社員の一人ひとりが人生面接を行い、各人の希望を確かめ、話し合って各人の定年年齢を決める。こういったあり方がいわゆる加点主義人事（個の尊重）である。加点主義人事こそが人生哲学に則した人事制度であるといえる。

〔第2問〕正規、非正規の区分をどう思うか？

できれば、正規、非正規の雇用区分は廃止することが望ましいが、今日の雇用情勢、経営事情、さらに各個人の人生観からして、直ちにこれを排除することは適切でない。

そこで、正規、非正規の雇用区分は残しておくとしても、重要なのは、雇用形態のいかんを問わず、同一価値労働同一賃金（職務給）、または同一価値労働力同一賃金（職能給）は制度的にも実態的にも必ず確保することが、社会正義からして早急に求められる。

そのためには、職能資格制度も実力等級制度も、いずれも社内一本化することが望ましい。企業内の人事制度も社会正義をベースとすることを急ぐべきであろう。

〔第３問〕退職金の存否をどう思うか？

　今日、定年年齢は、60〜65歳の間にあり、老後の生活を安定的に存続させていくうえで問題がある。

　定年後の生活は、公的年金、企業年金、そしてこの退職一時金の３つでカバーされている。

　そこで今後、退職一時金制度を廃止していくには、定年制の廃止（または自由化）、公的年金制度の充実のいずれかが要件となる。さらに、賃金カーブを生涯労働の前半も後半も、職能または役割の価値に対応したものに転換していくことも求められる。

〔第４問〕人材か人財か？

　「じんざい」という場合、２つある。人材（HR…ヒューマンリソース）か人財（HC…ヒューマンキャピタル）かである。

　欧米の場合、成果主義の立場に立つゆえに人財HC（MONEY）であり、アジアの場合、能力主義に立つ理念のゆえに、人材HR（MIND）が適切となっている。したがってまさに、HCかHRかのいずれをとるかは、それぞれの社会正義理念に基づいている。

　アジアの場合、インド哲学（人間の価値は皆同じ、育成し社会の発展に役立たせていくことが社会正義）をベースとしているゆえに、HR（人材）が基本的に社会的理念となっている。人間はお金（キャピタル）でも財産でもない。とらわれることなく自由に育ち、社会、経済の発展に貢献していく性格のものである。したがって、インド哲学に立つ日本の場合、人材（HR）がふさわしい。

　人財政策ではなく人材政策である。

〔第５問〕人材社会学をどう思うか？

　戦後、日本の労働経済は市場経済学をベースにしてきた。それによって経済は発展したが、一方の社会は暗い様相（無縁社会）のまま今日に至っている。日本経済もいま不安定な状況にあるから、市場経済学はこれからも重視するとしても、人材社会学にしっかりマインド

を向け、その充実を通して日本の社会を明るく健全なものとしていくことが強く期待される。

愛で連携された産業・社会の構築を政府・労使・産業が一体となって構築することが、これからの日本の経済社会の根本的な要件となる。筆者は今後、人材社会学に全力を傾ける決意である。

〔第6問〕日本型成果主義のこれからの行方は？

1991年、バブルが崩壊したあと、職能資格制度、職能給を軸とした日本の能力主義は後退し、それに入れ替わってアメリカの成果主義（職務給）が、ヘイシステムを中心に怒涛のように押し寄せてきた。

しかしながら、およそ人事・賃金システムは、組織風土となじむ形で生成され運用されるもので、人事・賃金システムのみを性急に切り換えてもうまくいかない。

現に成果主義を導入した企業の多くの事例でも、次の諸点で問題が生じている。

① 目先の業績のみを追い、本質的な生産性の向上を失う
② 不公平感が高まる
③ 連帯感の喪失
④ 部下育成の軽視
⑤ 失敗を恐れる

などである。

そこで今後、成果主義賃金の導入が不可欠だとしても、日本の組織風土の長所を活かし、調和させながら人事・賃金体系の再編を進めていくことが要件となる。すなわち、日本型成果主義の新構築である。能力主義で人材を育成し、実力主義、加点主義で人材を活用し、その上に成果主義（役割給、業績賞与、成果昇進）を入れていくというあり方が、これからは求められていく。

以上、6問を解説してきたが、理解はどの程度であったろうか。

これからの人材政策理解の参考にしていただきたい。

ところで、**第1章総論の図表11**でとらえたように、求められる能力は、一般職能層、ミドルマネージャー層、そしてハイマネージャー層の3段階によって内容も広がりも変わっていく。したがって知力の成長のあり方を有効にするには、職能資格制度の構築のあり方が基本となる。

職能資格制度をとにかくまず整備したうえで、知力のあり方（広がりと深まり）を論ずることが大切である。すなわちまず一般職能層（J-1～S-4までの人材層）はまず能力の習熟（職能等級に示されている習熟要件を満たす努力）と、修得（同じく修得要件）を満たし、企業が期待する職能要件に応えることが求められる。

しかし、ミドルマネージャー層（S—5～M—7）ともなると、職能要件のみならず、さらに上級層のハイマネージャー層に成長していくために、それ以上の自己努力（研究、企画、開発、業務の改善や高度化や深度化への挑戦）による知力の向上拡大が必要であり、ハイマネージャー層（M—8～M—9）では、それぞれの職群（MMやSMやEM＝後述）ごとの特性に応じて高度な職務遂行能力（知力、体力、気力）の修得、習熟の両面が強く求められる。

次に「BP（体力）」だが、それはまず健康、ついで行動力、そして完璧な業務達成体力と家庭守護、社会貢献体力が求められる。そのためには、日常生活における睡眠、適切な食事、運動（一日ごとに一万歩の歩行）が要件となる。筆者の経験からいうと、煙草は絶対にダメ（筆者は30歳の誕生日まで毎日30本喫煙していたが医者から肺が真っ黒といわれ、30歳の誕生日の朝、キッパリと禁煙に入った。毎年開かれる同窓会でもすでに8割の友人が亡くなったが、残っている2割は1人も喫煙していない）だが、お酒は毎日、少量ならむしろ健康によい。参考にしていただければ幸いである。

さて、もう一つの「MP（気力・マインドパワー）」だが、これを維持するには、人生に目標を持つことである。

貴重な人生を天から授かったからには、必ず「何かを達成するぞ！」という強い目標と決意を持つことである。とくにその人生の目標の中には、必ず、①自己育成、②幸福な愛に満ちた家庭の完全構築、③経営・経済への協力、そして、④豊かな社会実現への貢献、の４つを含めておくことが求められる。人生に目標があれば、気力は衰えることはない。その人生の目標はすべてその価値は同じである。

　目標には、高低も上下も優劣もない。なぜなら人間の生まれた環境は皆同じではないからである。恵まれた人生を過ごすことができる人もいれば、あわれな人生を過ごさざるをえない人もいる。それぞれの環境の中で、できるだけの目標を持ち、その目標の達成に人生のすべてをかけることが、人間の価値であることを見失ってはならない。

　輪廻転生（サンサーラ）が天地の定めであるからである。今生が貧しければ来世は豊かであり、今生が高ければ来世は低いものとなる。嘆くまい、明日は明るく、が人生であることを見失ってはならない。

　ともあれ、置かれている人生の環境の中で可能な限りの高い知力、体力、気力を身につけ、労働、生活を通じて、豊かな経済、力強い愛に満ちた社会の実現に身を尽くすことが求められる。

Ⅲ．第２に「人生哲学」をもっているかのチェック

　能力（知力、体力、気力）があっても、生きていることの理念（つまり人生哲学）がなければ人生の価値はない。ただ息をしているだけの生物であってはならない。

　前述のごとく、まずしっかり能力（知力、体力、気力）を高めたうえで、市場経済学と人材社会学を理解し、しっかりとそちらに目を向け、わが人生を社会、経済の豊かさと発展に貢献する意欲（マインド）をもつことが、大切である。つまりそれが人生哲学にほかならな

い。

　それはすでに総論で概括を述べ、そのあとの各論で詳しく述べたところの人材社会学の内容項目であり、その内容項目をもう一度整理すると、次の12の項目からなる。

　改めて人生哲学としての人材社会学の12個の項目を、再記しておこう。

　この12項目が人材哲学の内容にほかならない。しっかりこれを胸に植えつけ生きていくようにしたい。

人生哲学（生涯を通して努力していくべき12の目標）

① ワークライフバランス（WLB）
② ワークシェアリング（WS）
③ 分け隔てない人材育成（能力主義）－人間の価値は皆同じ
④ 個を尊重（人間の価値観は一人ひとり皆異なる）しての人材活用（実力主義、加点主義）
⑤ 高度な技術、技能の社会的負担によるすべての人への付与
⑥ 愛を重視する社会的教育の機会増大
⑦ 子女教育支援による出生率の高揚
⑧ 人生を支援する産業界の人材政策の整備支援
⑨ 定昇制の確立…働きがいのある賃金政策、賃金制度の整備
⑩ 高齢化への対応…定年廃止、実力支援、年金の充実、賃金カーブの修正
⑪ 社会的公平性の堅持…雇用形態を超えて、同一価値労働同一賃金（または同一価値労働力同一賃金）の推進
⑫ 安定した雇用システムの整備

　これらの内容についてはすでに、各論で述べたとおりだが、とくに人生哲学の視点に立って、若干そのポイントを再指摘しておくこととしよう。

　人生を豊かにする趣味をもつこと。

例えば、国内旅行、世界旅行を趣味として持てば、有給休暇の完全消化（労働時間の短縮）が不可欠で、それがWLBを推進させることになり、併せて、家庭生活、家庭教育もレベルの高いものとなる。

さらに、自然を大切にし、自然を守り、自然と接することを趣味とすることが、人間にとって大切である。自然が汚され壊されれば、生活も家庭も社会も苦しみに満ちたものとならざるをえない。

筆者もアジアが好きで、フィリピン旅行から始まって、ヒマラヤ旅行、シルクロードなどいくども訪問したが、とくにインドの大地が好きで、インド哲学が自分の人生を力強いものにしてくれた。

ガンジス川で散骨の流れでうがいをした思い出、デッカン高原でドライブ中、数多くのタイガーに襲われ、命からがら逃げ切ったこと、バンガロールの南に散在するお寺の一つに入門し、昼は佛前で哲学を学び、夜は草原にござを敷き、その上で寝た時の心地よさ（大地から暖気が背を暖め、大地を吹き抜ける冷気が頭を冷やしてくれる、その寝心地のよさ）を忘れることもできない。

佛陀（阿修羅像）の伝説を追ってネパール、チベット、インドの東西南北を、レンタカーで運転したあの頃の日々が、その後の自分の人生をどれだけ力強く豊かにしてくれたか測りしれない。経費を節約するための野宿、レンタカー、安価なナン（パン）とカレーのみの食事などが、ひとしおインド哲学を親しいものにしてくれた。自分の人生哲学も、このインドでの日々の暮らしが豊かにしてくれた、という思いが強い。

Ⅳ．第3に「自己特性」をみつめ、活かしているかのチェック

先に述べたM─7，M─8、M─9の基幹職階層に登りつめた人材は、いよいよ自己に天から授けられた特性を活かすレベル（段階）

にたどりついたということになる。

そこで、自己特性をみつめ、人生街道を社会に役立つ形で進んでいるかをチェックするあり方を考えてみることにしよう。

人生は50歳代から本人の意思と適性に沿って、次の進路が人材には設定されている(**図表2参照**)。

図表2

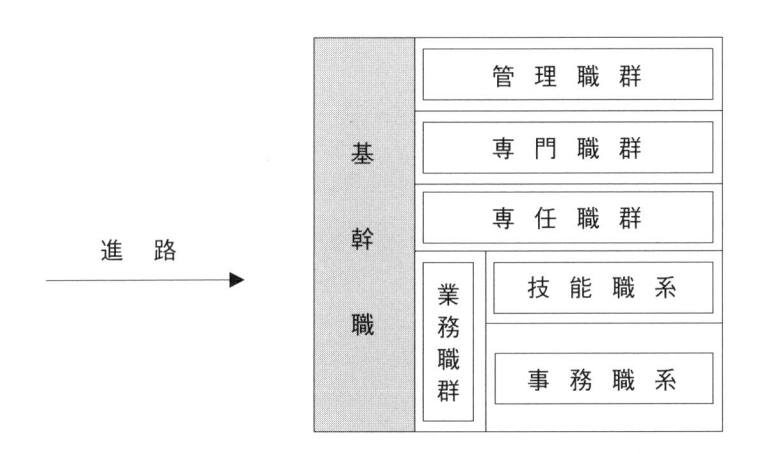

```
              ┌───┬─────────────┐
              │   │  管 理 職 群  │
              │   ├─────────────┤
              │ 基 │  専 門 職 群  │
              │ 幹 ├─────────────┤
  進  路  →   │ 職 │  専 任 職 群  │
              │   ├───┬─────────┤
              │   │業 │ 技 能 職 系│
              │   │務 ├─────────┤
              │   │職 │ 事 務 職 系│
              │   │群 │         │
              └───┴───┴─────────┘
```

進路には、事務職系と技能職系の2つがあるが、いずれの進路にも、3つの基幹職系路が位置づけられている。

そして、この進路は、通常、複線型昇進制度と呼ばれる。**第1章総論の図表12**で概観したとおりである。

各自の人材の特性を存分に活かす複線型昇進制度を、先の**図表12**を改めて**参考図**としてここに掲げ、これからの基幹職制度のあり方を解説していくこととしよう。

参考図　第1章図表12（27頁）の再掲　これからの基幹職制度

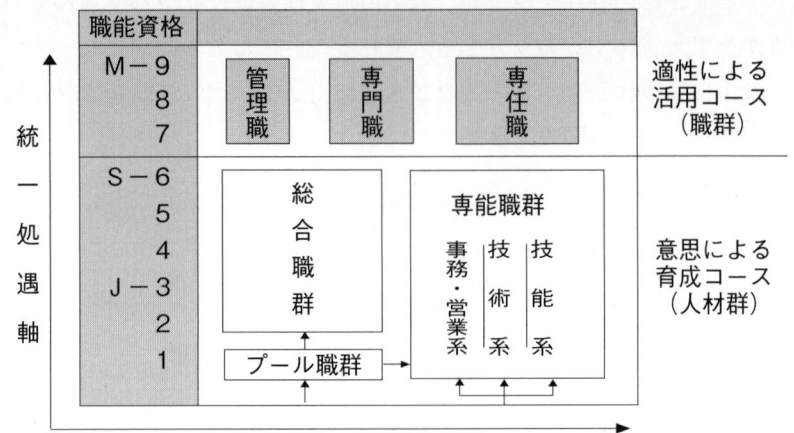

職能資格			
M—9　8　7	管理職	専門職	専任職

統一処遇軸

適性による活用コース（職群）

S—6　5　4
J—3　2　1

総合職群

専能職群
事務・営業系／技術系／技能系

プール職群

意思による育成コース（人材群）

多元的人材の育成・活用軸（職群管理）

①入社後３年間

　入社してから３年間は、すべての者がプール職群に所属する。仕事を幅広く経験し、組織の全体を学ぶのがこのプール職群である。

②意思による育成コース（人材群）

　３年間のプール職群で組織を広く学んだあとで、本人の意思で育成コースのいずれかに入る。育成コースの人材群は２つからなる。

　　┌ 総合職群
　　└ 専能職群

　何でも広く習熟、修得を積んでいくのが総合職群、一方、技能系、技術系、事務・営業系のいずれか一つを選択し、その分野で深く経験を積んでいくのが専能職群である。将来、管理職をめざす人材は総合職群を、専門職、専任職をめざす人材は専能職群を選ぶことになるが、必ずしもそのように限定されているわけではない。総合職群から専門職・専任職群に進んでもよいし、専能職群から管理職群に進んで

もよい。
③意思と適性による人材活用コース（職群）

　職能資格がM段階に入ると、いよいよ適性による人材活用コースに進む。適性は本人の申告をベースに上司および人事部門によって審査される。

```
 ┌ 管理職群（M・M）
 ├ 専門職群（S・M）
 └ 専任職群（E・M）
```

　管理職（マネジメント・マネジャー、MM）、専門職（スペシャリスト・マネジャー、SM）、専任職（エキスパート・マネジャー、EM）のそれぞれの役割基準と人材要件は、**図表３**、**図表４**で示すとおりである。

```
職群基準 ┬ 役割基準
         └ 人材要件……とくに「キャリア要件」が大切
```

　筆者の体験を最後に参考として述べておく。
　筆者が労働省に勤務してから３年目に、人事担当者と局長の金子美雄先生（前日本賃金研究センター所長）と自分の３人で面談が行われた。

図表３　役割基準

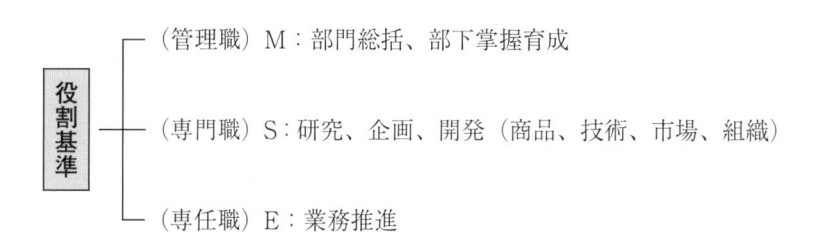

```
         ┌ （管理職）M：部門総括、部下掌握育成
役割基準 ─┼ （専門職）S：研究、企画、開発（商品、技術、市場、組織）
         └ （専任職）E：業務推進
```

図表4　人材要件

人材要件
- M：“総括・人材育成の名手”（マネジャー）
  ：判断決断力、部下掌握育成力、細心の注意と万全の責任性、社会性、人望（人間性）
- S：“開発の名手”（スペシャリスト）
  ：高度な知識・技術、積極性、企画・研究・開発力、好奇心
- E：“業務推進の名手”（エキスパート）
  ：豊富な経験と実績、規律性と協調性、業務推進・遂行力

　将来、行政官に進むか専門官に進むかを、決定しようということであった。行政官になれば地方の労働基準局長、本省の課長・局長へと進むことができる。専門官なら、自分の専門分野（雇用、賃金、労働法など）を選択して、今後、その道一筋に進むことになる。どちらを選ぶかをこの場で決定しようということであった。私は迷うことなく、専門官を選ぶと直ちに申告した。では、ということで白い紙と硯と筆が、目の前におかれ、何をやるか専門分野を書きなさいといわれた。今すぐでなくてもよい。じっくり考えて、今日から10日間の間に申告するようにといわれた。

　私は、いや今すぐ書きますと誓って、墨痕鮮やかに、『賃金』と書き記した。居合わせた上司の方々は、これから労働省は、戦後の日本の賃金問題を検討し、賃金行政のあり方を検討していかねばならない局面にあるだけに、もし君が賃金を専門分野としてやり抜いていくことを決意してくれるなら、こんなに好都合なことはない、と説明してくれ、手を握り肩を叩いてくれた。

　その日から、今日まで61年間、筆者は賃金一筋に生涯を貫いてきたが、後悔はない。幸いにして、海外をめぐり世界の賃金を学ぶことができたし、日本中の労使の担当者と論議し合うこともできた。

今でも、あの瞬間を忘れることはできない。賃金という専門分野の人材要件と役割基準を満たすことが、誠に幸いであったと思っている。

複線型昇進制度と賃金制度

最後に、参考までに複線型（人材群と職群）昇進制度における賃金制度はどうなるのか、説明しておこう。

賃金制度についての要点は、次の4点となる。

① 職能給（基本給表）は全社1枚共通を原則
② 職種ないし職群間に格差をつけるとするならば…
　イ．理由
　　　労働対価格差
　ロ．格差項目
　　　職能給 ＋ ┬── 臨時給与（貢献度、辛さ、苦労）
　　　　　　　　├── 手　当　（職務価値の差）
　　　　　　　　└── 役割給　キャリア給（役割やキャリアの差）
　　・転勤の有無で賃金に差をつけることは適切ではない
③ 今後、職種別実力等級制を導入することにより、
　　　職能給　＋　役割給
　　（共通）　　（職種・実力次第で格差）
④ そして、一定職階以上は、役割給1本
　　｛職能資格制度──肩書のみ　｝　Double Ladder
　　｛実力等級制度──役　割　給｝

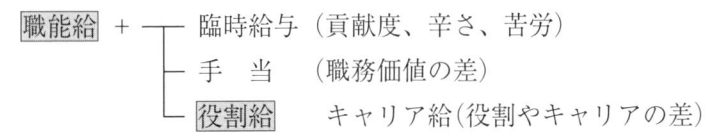

197

あとがき

　日本賃金研究センターでは設立40周年を記念して、白ヶ澤健一氏の総括運用の下、2010年2月に研究会を発足させ、2011年7月までの全11回にわたる研究会で、研究・討議を重ね、楠田丘、野原茂、武内崇夫、藤田征夫、篠塚功が執筆を進めてきました。

　この間、小堺勝義氏には的確な助言をいただき、白ヶ澤貴子さんにはきめ細かい協力と全面的な支援をいただいて、この報告書をまとめることができました。深く感謝する次第です。

日本賃金研究センター　代表幹事　**楠田　丘**

〈著者略歴〉

楠田　丘（くすだ・きゅう）　〈第1章・第2章・第8章 執筆〉

　大正12年生まれ。昭和45年日本賃金研究センター研究主任、同56年代表幹事、平成6年社会経済生産性本部理事、平成22年日本生産性本部幹事。
　主な著書に『賃金表の作り方』『賃金テキスト』『人を活かす人材評価制度』『職能資格制度』（経営書院）などがある。

野原　茂（のはら・しげる）　〈第3章・第7章 執筆〉

　昭和17年生まれ。日本賃金研究センター主任アドバイザー。
　企業の実務家時代から楠田丘氏に師事し、昭和57年、現職に転じてからは楠田理論の普及に努め今日に至る。人事・賃金・教育などの幅広い分野で活躍中。中小企業大学校講師（人事賃金管理担当）
　主な著書に『人事考課ハンドブック』『人材評価着眼点シート』『目標・育成面接ハンドブック』（経営書院）などがある。

武内　崇夫（たけうち・たかお）　〈第6章 執筆〉

　昭和17年生まれ。産労総合研究所「賃金実務」編集長、日本賃金研究センター事務局長を経て、日本賃金研究センター主任アドバイザー。
　とくに楠田丘氏に師事し、賃金・人事制度全般にわたる企業指導・相談、賃金体系を中心としたセミナー、講演、執筆等に活躍中。

藤田　征夫（ふじた・ゆきお）　〈第5章 執筆〉

　昭和20年生まれ。「賃金事情」「賃金実務」編集長を経て、日本賃金研究センター主任アドバイザー。
　とくに楠田丘氏に師事し、賃金専門誌の編集、取材、調査、執筆活動の経験を活かした実務指導が身上。
　賃金・人事制度全般にわたる指導、相談、執筆等に活躍中。

篠塚　功（しのつか・いさお）　〈第4章 執筆〉

　昭和34年生まれ。医療法人財団河北総合病院財団本部人事課マネジャー・事務次長、河北総合病院本院・分院事務部長、'01～'04年日本医療機能評価機構事業部長（出向）等を経て、日本賃金研究センター主任研究員。
　医療機関の人事制度構築および病院機能評価受審の支援、講演・執筆活動を展開中。

人材社会学

2011年11月21日　第1版第1刷発行　　　　　　定価はカバーに表示してあります。

編　者　楠　田　　丘

発行者　平　　盛　之

発　行　所

㈱産労総合研究所
出版部　経営書院

〒102-0093
東京都千代田区平河町2-4-7清瀬会館
電話 03(3237)1601　振替00180-0-11361

落丁・乱丁本はお取り替えいたします。　　印刷・製本　藤原印刷株式会社
無断転載は禁止します。

ISBN978-4-86326-110-5